本书系教育部人文社会科学研究一般项目——关于新型农村金融机构的脆弱性与可持续发展问题研究——以吉林省为例（项目编号14YJA790009）的最终研究成果

新型农村金融机构
可持续发展研究

高晓光　著

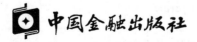

中国金融出版社

责任编辑：方　晓
责任校对：张志文
责任印制：丁淮宾

图书在版编目（CIP）数据

新型农村金融机构可持续发展研究（Xinxing Nongcun Jinrong Jigou
Kechixu Fazhan Yanjiu）/高晓光著.—北京：中国金融出版社，2016.5
ISBN 978 - 7 - 5049 - 8534 - 7

Ⅰ.①新…　Ⅱ.①高…　Ⅲ.①农村金融—金融机构—可持续性发展—
研究—中国　Ⅳ.①F832.35

中国版本图书馆 CIP 数据核字（2016）第 104234 号

出版
发行　**中国金融出版社**

社址　北京市丰台区益泽路 2 号
市场开发部　（010）63266347，63805472，63439533（传真）
网 上 书 店　http://www.chinafph.com
　　　　　　　（010）63286832，63365686（传真）
读者服务部　（010）66070833，62568380
邮编　100071
经销　新华书店
印刷　北京市松源印刷有限公司
尺寸　169 毫米 ×239 毫米
印张　9.75
字数　171 千
版次　2016 年 5 月第 1 版
印次　2016 年 5 月第 1 次印刷
定价　36.00 元
ISBN 978 - 7 - 5049 - 8534 - 7/F. 8094
如出现印装错误本社负责调换　联系电话（010）63263947

序　言

　　"三农"问题是中国的根本性问题之一，也是特大难题之一。而农村金融的改革与发展既是"三农"难题的一个组成部分，又是化解"三农"难题的一把"金钥匙"，而且现代农村经济发展的一个重要特征就是经济与金融的关系日益密切。为完善农村金融服务体系，促进农村金融竞争，满足农村金融需求，增加农村金融供给，2006年12月20日银监会发布了《中国银行业监督管理委员会关于调整放宽农村地区银行业金融机构准入政策更好支持社会主义新农村建设的若干意见》，提出要放宽农村地区的银行业金融机构准入政策，在增量改革方面成立村镇银行、贷款公司、农村资金互助社等新型农村金融机构，加上之前人民银行主导成立的小额贷款公司，新型农村金融机构达到四类。2007年全国金融工作会议将加快农村金融改革，完善农村金融体系，解决好农业、农村和农民问题，作为金融工作的重点，作为党和国家全部工作的重点。从中可以看出农村金融改革在建设社会主义新农村中的作用。全国金融工作会议对农村金融改革总的要求是：加快建立健全适应"三农"特点的多层次、广覆盖、可持续的农村金融组织体系，包括构建分工合理、投资多元、功能完善、服务高效的农村金融产品体系，显著增强为"三农"服务的功能。中央政府希望这一创新能够有效增加农村金融供给，提高农村金融服务覆盖面，促进农村金融市场竞争，改善农村金融服务质量。

　　将近十年过去了，新型农村金融机构到底发展得怎么样？有没有实现预期的目标？主要的问题是什么？最重要的，新型农村金融机构能否可持续发展？这些都是学术界和业界关心的问题。

　　本书结合近几年的中央一号文件和十八届三中全会的要求，对新型农村金融机构的发展历程与现状、发展的可持续性、存在的问题进行了研究梳理，提出了促进新型农村金融机构可持续发展的对策。

　　本书第一章介绍了"新型农村金融机构的类型与总体特征"。主要内容是新型农村金融机构的主要类型、业务范围及总体特征。第二章为"新型农村金融机构的创新理论与制度构建"。第三章为"新型农村金融机构的发展现状"。第四章为"新型农村金融机构脆弱性的表现及原因分析"对新型农村金融机构脆弱性进行了研究，并对脆弱性产生的原因进行了剖析。第五章为"新型农村金融机构比较分析"对村镇银行、农村资金互助社和贷款公司的发展前景、存在的主要问题、可持续发展的优劣势进行分析。第六章为"新型农村金融机构可持续发展的保障机制"分别从"财税激励机制、货币政策激励机制和保险保障激励机制"来分析新型农村金融机构可持续发展问题。第七章为"国外农村金融机构创新实践与经验借鉴"分别对发达国家、发展中国家农村金融机构的创新进行了介绍，并总结了我们可借鉴的经验。第八章为"案例分析"，主要选取了吉林省农村资金互助社的典型案例，从微观的角度分析了这一农村金融发展形式。

本书是在作者主持的以下课题项目的基础上完成的：教育部人文社会科学研究一般项目——关于新型农村金融机构的脆弱性与可持续发展问题研究——以吉林省为例（项目编号 14YJA790009）；吉林省科技厅软科学研究项目——吉林省新型农村金融机构的风险防范与可持续发展问题研究（项目编号20150418084FG）；吉林省社会科学基金重点项目——吉林省新型农村金融机构的风险生成与管控措施研究（项目编号 2015A9）。在此，向教育部、吉林省科技厅、吉林省哲学社会科学规划办、吉林财经大学科研处、吉林财经大学金融学院表示衷心感谢！在项目的调研和资料收集过程中，得到了吉林省金融办、吉林省银监局、人民银行长春中心支行的大力支持和热情帮助，在此一并表示感谢！在项目研究报告的撰写过程中，我的研究生李晓旭、罗俊成、姜丽丽共同承担了一章内容，本书参考了其中一些内容；在本书的完成过程中，我的同事鞠国华老师，我的学生罗俊成、谷连杰帮助完成了部分图表，参与了文字校对，对他们的辛勤工作表示感谢！

由于理论水平、资料来源和时间紧张等因素，本书还有许多问题需要进一步研究探讨，近期中央政府对民间资本开放的政策力度不断加强，农村金融环境进一步改善，农村金融机构的竞争加剧，这些对新型农村金融机构的影响还有待进一步的研究。在撰写本书的过程中，作者及其团队对吉林省、黑龙江等省份的一些村镇银行和小额贷款公司进行了调研，但从全国的角度看代表性相对较差，对问题的研究深度产生不利影响。对于不足之处，作者将在以后的研究中改进完善，恳请各位同仁给予指导并提出宝贵意见。

高晓光
2016 年 3 月 1 日于吉林财经大学

目　录

4

第一章　绪　论

第一节　新型农村金融机构的类型

银监会 2006 年底发布《关于调整放宽农村地区银行业金融机构准入政策更好支持社会主义新农村建设的若干意见》，允许产业资本和民间资本到农村地区设立银行，并在农村增设村镇银行、贷款公司、农村资金互助社三类银行业金融机构，也就是新型农村金融机构。2007 年 1 月 30 日，中国银监会出台了《村镇银行管理暂行规定》《贷款公司管理暂行规定》《农村资金互助社管理暂行规定》《村镇银行组建审批工作指引》《贷款公司组建审批工作指引》《农村资金互助社组建审批工作指引》和《农村互助社示范章程》共 7 份文件，"破题"农村金融改革。新型农村金融机构的试点和推广，有利于解决农村金融服务不足的问题，满足基层农户和小微企业的金融需求。

新型农村金融机构的构建是一项复杂而系统的工程，首先要求我们明确现阶段我国农村金融改革的方向与目标，进而制定基本原则，在此基础上建立多层次、广覆盖、可持续发展的农村金融体系。

建立健全多层次的农村金融组织体系，首先要充分发挥商业金融、政策性金融、合作金融和其他金融组织的作用，中国农业银行和中国农业发展银行要成为农村金融体系的骨干和支柱；其次要制定多层次的农村金融政策，鼓励和引导其他金融组织为"三农"和县域经济服务；最后要形成多层次的农村金融竞争市场。中国农村的经济发展具有较强的不平衡性和层次性，对金融商品的需求也表现出较强的多样性。多样化的农村金融机构比单一形式的金融机构更能够满足多层次的农村金融需求，从而提高资源配置效率，促进农村经济增长。对不同层次的农村金融需求主体，应以不同层次的竞争性金融结构来满足。

建立健全可持续发展的农村金融体系，要求农村金融机构、产品、服务不断创新。首先，农村各类金融机构坚持可持续发展道路，商业性金融机构应是主力军，只有商业上可持续，才能吸引更多社会资金。政策性金融机构在获得财政补贴后，也要实现可持续发展。如事先确定好财政补贴的各项规则，之后由政策性金融机构来承担各类金融风险。其次，要创新小额贷款方式，扩大小额贷款服务，努力满足农户和农村小微企业贷款需求。完善和推广农户联保贷款，着力开发农村商业信用贷款，积极开发农产品期货市场，开发农产品期货新品种，降低农业生产经营的风险。再次，要在推进农村金融创新的同时，切实加强和改进农村金融监管，防止出现新的金融风险。最后，要加大对农村金融的政策支持，关键是加大财税、货币、市场准入等政策支持，尤其要加大对老、少、边、穷地区农村金融发展的支持。对已出台的各项支持政策，要继续落实和完善。

一、村镇银行

（一）村镇银行的含义

根据银监会 2007 年 1 月 22 日发布的《村镇银行管理暂行规定》，村镇银行是指经银监会依据有关法律、法规批准，由境内外金融机构、境内非金融机构企业法人、境内自然人出资，在农村地区设立的主要为当地农民、农业和农村经济发展提供金融服务的银行业金融机构。

（二）村镇银行的性质

1. 村镇银行是独立的企业法人

村镇银行享有由股东投资形成的全部法人财产权，依法享有民事权利，并以全部法人财产独立承担民事责任。

村镇银行股东依法享有资产收益，参与重大决策和选择管理者等权利，并以其出资额或认购股份为限对村镇银行的债务承担责任。

2. 村镇银行具有商业银行的性质

村镇银行同商业银行一样，以安全性、流动性、效益性为经营原则，自主经营，自担风险，自负盈亏，自我约束。

村镇银行依法开展业务，不受任何单位和个人的干涉。

3. 村镇银行属于小型金融机构

村镇银行只能设在县城，最初一般为单一机构，不能发展成为中型的银行。村镇银行在业务上也有地域限制，不得发放异地贷款。

4. 村镇银行是经营综合性业务的新型农村金融机构

与其他新型农村金融机构相比，村镇银行业务种类比较丰富。贷款公司只能发放贷款，不能吸收存款，资金来源渠道单一。农村资金互助社虽然可以吸收存款，但其主要以社员为业务对象。村镇银行不同于其他两类新型农村金融机构，可以说是小型商业银行，可经营吸收公众存款，发放短期、中期和长期贷款，办理国内结算和票据承兑与贴现业务。

（三）村镇银行的设立

2007 年 1 月中国银监会印发了《村镇银行管理暂行规定》，对村镇银行的设立条件提出了具体的要求，包括以下 8 个方面。

1. 有符合规定的章程。

2. 发起人或出资人应符合规定的条件，且发起人或出资人中应至少有 1 家银行业金融机构，发起人或出资人包括四类，一是境内金融机构，二是境外金融机构，三是境内非金融机构法人，四是境内自然人。对这四类发起人或出资人的条件都做了明确的要求。

（1）境内金融机构应符合以下条件：①商业银行未并表和并表后的资本充足率均不低于 8%，且主要审慎监管指标符合监管要求；其他金融机构的主要合规和审慎监管指标符合监管要求；②财务状况良好，最近 2 个会计年度连续盈利；③入股资金来源真实合法；④公司治理良好，内部控制健全有效；⑤中国银行业监督管理委员会规定的其他审慎性条件。境内金融机构出资设立或入股村镇银行须事先报经银行业监督管理机构及有关部门批准。

（2）境外金融机构应符合以下条件：①最近 1 年年末总资产原则上不少于 10 亿美元；②财务稳健，资信良好，最近 2 个会计年度连续盈利；③银行业金融机构资本充足率应达到其注册地银行业资本充足率平均水平且不低于 8%，非银行金融机构资本总额不低于加权风险资产总额的 10%；④入股资金来源真实合法；⑤公司治理良好，内部控制健全有效；⑥注册地国家（地区）金融机构监督管理制度完善；⑦该项投资符合注册地国家（地区）法律、法规的规定以及监管要求；⑧注册地国家（地区）经济状况良好；⑨中国银行业监督管理委员会规定的其他审慎性条件。

（3）境内非金融机构企业法人应符合以下条件：①在工商行政管理部门登记注册，具有法人资格；②有良好的社会声誉、诚信记录和纳税记录；③财务状况良好，入股前上一年度盈利；④年终分配后，净资产达到全部资产的 10% 以上（合并会计报表口径）；⑤入股资金来源合法，不得以借贷资金入股，不得以他人委托资金入股；⑥有较强的经营管理能力和资金实力；⑦中国银行业监督管理委员会规定的其他审慎性条件。拟入股的企业法人属于原企业改制的，原企业经营业绩及经营年限可以延续作为新企业的经营业绩和经营年

3

限计算。

（4）境内自然人应符合以下条件：①有完全民事行为能力；②有良好的社会声誉和诚信记录；③入股资金来源合法，不得以借贷资金入股，不得以他人委托资金入股；④中国银行业监督管理委员会规定的其他审慎性条件。

3. 在县（市）设立的村镇银行，其注册资本不得低于 300 万元人民币；在乡（镇）设立的村镇银行，其注册资本不得低于 100 万元人民币，注册资本为实收货币资本，且由发起人或出资人一次性缴足。对于发起人和投资人的股份构成也做了明确的规定。首先，投资村镇银行最大股东或唯一股东必须是银行业金融机构，且最大银行业金融机构股东持股比例不得低于村镇银行股本总额的 20%。2012 年 5 月 26 日，银监会印发《中国银监会关于鼓励和引导民间资本进入银行业的实施意见》（银监发〔2012〕27 号）指出：支持民营企业参与村镇银行发起设立或增资扩股。村镇银行主发起行的最低持股比例由 20% 降低为 15%。其次，单个自然人股东及关联方持股比例不得超过村镇银行股本总额的 10%。最后，单一非银行金融机构或单一非金融机构企业法人及其关联方持股比例不得超过村镇银行股本总额的 10%。

4. 有符合任职资格条件的董事和高级管理人员。

5. 有具备相应专业知识和从业经验的工作人员。

6. 有必需的组织机构和管理制度。

7. 有符合要求的营业场所、安全防范措施和与业务有关的其他设施。

8. 中国银行业监督管理委员会规定的其他审慎性条件。

（四）村镇银行可经营的业务范围

在银监会印发的《村镇银行管理暂行规定》中对村镇银行的业务范围做了很明确的界定。村镇银行可经营的业务包括：①吸收公众存款；②发放短期、中期和长期贷款；③办理国内结算；④办理票据承兑与贴现；⑤从事同业拆借；⑥从事银行卡业务；⑦代理发行、代理兑付、承销政府债券；⑧代理收付款项及代理保险业务；⑨经银行业监督管理机构批准的其他业务。

在已经开业的村镇银行中，吸收公众存款和发放短期、中长期贷款是村镇银行最主要的经营业务。在发起行的帮助下，一些村镇银行已经发行了银行卡，并且可以在发起行的 ATM 上进行存取款操作。由于大多数的村镇银行还没有进入人民银行的大额支付系统、小额支付系统和支票影像系统，所以，村镇银行的国内结算业务的开展还不顺利。

《村镇银行管理暂行规定》要求"村镇银行发放贷款应坚持小额、分散的原则，提高贷款覆盖面，防止贷款过度集中。村镇银行对同一借款人的贷款余额不得超过资本净额的 5%；对单一集团企业客户的授信余额不得超过资本净额的 10%"。2010 年 4 月 20 日，中国银监会发出的《关于加快发展新型农村金融机构有关事宜的通知》（银监发〔2010〕27 号）中指出，为解决村镇银行资本额度小、贷款集中度比例偏低、不能有效满足中小企业信贷需求问题，将村镇银行对同一借款人的贷款余额由不得超过资本净额的 5% 调整为 10%，对单一集团企业客户的授信余额由不得超过资本净额的 10% 调整为 15%。这样就从单笔贷款的规模上限定了村镇银行的贷款范围，鼓励和约束村镇银行走低端市场，多给农户发放小额贷款。

《村镇银行管理暂行规定》中明确提出，村镇银行发放贷款应首先充分满足县域内农户、农业和农村经济发展的需要。已满足当地农村资金需求的，其富余资金可投放当地其他产业、购买涉农债券或向其他金融机构融资。满足县域内农户、农业和农村经济发展的需要是村镇银行存在的重要理由，村镇银行必须能够在农村金融市场中掌握服务"三农"的本领。

二、农村资金互助社

（一）农村资金互助社的性质

农村资金互助社是指经银行业监督管理机构批准，由乡（镇）、行政村农民和农村小企业自愿入股组成，为社员提供存款、贷款、结算等业务的社区互助性银行业金融机构。农村资金互助社实行社员民主管理，以服务社员为宗旨，谋求社员共同利益。农村资金互助社是独立的企业法人，对由社员股金、积累及合法取得的其他资产所形成的法人财产，享有占有、使用、收益和处分的权利，并以上述财产对债务承担责任。

（二）农村资金互助社的设立

中国银监会 2007 年 1 月印发的《农村资金互助社管理暂行规定》对农村资金互助社的设立做了具体的规定。

1. 农村资金互助社应在农村地区的乡（镇）和行政村以发起方式设立。其名称由所在地行政区划、字号、行业和组织形式依次组成。

2. 设立农村资金互助社应符合以下条件：

（1）有符合本规定要求的章程；

（2）有 10 名以上符合本规定社员条件要求的发起人；

（3）有符合本规定要求的注册资本：在乡（镇）设立的，注册资本不低于 30 万元人民币，在行政村设立的，注册资本不低于 10 万元人民币，注册资本应为实缴资本；

（4）有符合任职资格的理事、经理和具备从业条件的工作人员；

（5）有符合要求的营业场所、安全防范设施和与业务有关的其他设施；

（6）有符合规定的组织机构和管理制度；

（7）银行业监督管理机构规定的其他条件。

3. 设立农村资金互助社，应当经过筹建与开业两个阶段。

筹建阶段。农村资金互助社申请筹建，应向银行业监督管理机构提交以下文件、资料：

（1）筹建申请书；

（2）筹建方案；

（3）发起人协议书；

（4）银行业监督管理机构要求的其他文件、资料。

开业阶段。农村资金互助社申请开业，应向银行业监督管理机构提交以下文件、资料：

（1）开业申请；

（2）验资报告；

（3）章程（草案）；

（4）主要管理制度；

（5）拟任理事、经理的任职资格申请材料及资格证明；

（6）营业场所、安全防范设施等相关资料；

（7）银行业监督管理机构规定的其他文件、资料。

4. 经批准设立的农村资金互助社，由银行业监督管理机构颁发金融许可证，并按工商行政管理部门的规定办理注册登记，领取营业执照。

5. 农村资金互助社不得设立分支机构。

（三）农村资金互助社的监管

银行业监督管理机构负责对农村资金互助社的监管。银监部门按照审慎监管要求对农村资金互助社进行持续、动态监管。

1. 资本充足率大于8%、不良资产率在5%以下的，可向其他银行业金融机构融入资金，属地银行业监督管理部门有权依据其运营状况和信用程度提出相应的限制性措施。银行业监督管理机构可适当降低对其现场检查频率。

2. 资本充足率低于8%大于2%的，银行业监督管理机构应禁止其向其他银行业金融机构融入资金，限制其发放贷款，并加大非现场监管及现场检查的力度。

3. 资本充足率低于2%的，银行业监督管理机构应责令其限期增扩股金、清收不良贷款、降低资产规模，限期内未达到规定的，要求其自行解散或予以撤销。

农村资金互助社违反有关法律、法规，存在超业务范围经营、账外经营、设立分支机构、擅自变更法定事项等行为的，银行业监督管理机构应责令整改，并按照《中华人民共和国银行业监督管理法》和《金融违法行为处罚办法》等法律法规进行处罚；对理事、经理、工作人员的违法违规行为，可责令农村资金互助社给予处分，并视不同情形，对理事、经理给予取消一定期限直至终身任职资格的处分；构成犯罪的，移交司法机关，依法追究刑事责任。

三、贷款公司

（一）贷款公司的概念

为缓解农民贷款难问题，银监会还鼓励境内主要商业银行和农村合作银行设立专营贷款的全资子公司。根据银监会 2007 年 1 月 22 日发布的《贷款公司管理暂行规定》，贷款公司是指经中国银行业监督管理委员会依据有关法律、法规批准，由境内商业银行或农村合作银行在农村地区设立的专门为县域农民、农业和农村经济发展提供贷款服务的非银行业金融机构。

1. 贷款公司的性质

贷款公司属于一人公司，是由境内商业银行或农村商业银行全额出资的有限责任公司。

2. 贷款公司是独立的企业法人

贷款公司享有由投资形成的全部法人财产权，依法享有民事权利，并以全部法人财产独立承担民事责任。

3. 贷款公司也要遵守商业银行法规定的经营原则和经营方针

贷款公司以安全性、流动性、效益性为经营原则，自主经营，自担风险，自负盈亏，自我约束。

贷款公司依法开展业务，不受任何单位和个人的干涉。

（二）贷款公司的设立

1. 贷款公司的名称

贷款公司的名称由行政区划、字号、行业、组织形式依次组成，其中行政区划指县级行政区划的名称或地名，比如在天津市内区县设立的蓟县兴农贷款公司、宁河县兴农贷款公司。

2. 贷款公司应当具备的条件

（1）有符合规定的章程；

（2）注册资本不低于 50 万元人民币，为实收货币资本，由投资人一次足额缴纳；

（3）有具备任职专业知识和从业经验的工作人员；

（4）有具备相应专业知识和从业经验的工作人员；

（5）有必需的组织机构和管理制度；

（6）有符合要求的营业场所、安全防范措施和业务有关的其他设施；

（7）中国银行业监督管理委员会规定的其他条件。

（三）贷款公司的业务经营

1. 业务范围

经银监分局或所在城市银监局批准，贷款公司可经营下列业务：

（1）办理各项贷款；

（2）办理票据结算；

（3）办理资产转让；

（4）办理贷款项下的结算；

（5）经中国银监会批准的其他资产业务。

贷款公司不得吸收公众存款。贷款公司的营运资金为实收资本和向投资人的借款。

2. 资金运用原则

贷款公司开展业务，必须坚持为农民、农业和农村经济发展服务的经营宗旨，贷款的投向主要用于支持农民、农业和农村经济发展。

贷款公司发放贷款应当坚持小额、分散的原则，提高贷款覆盖面，防止贷款过度集中，贷款公司对同一借款人的贷款余额不得超过资本净额的 10%；对单一集团企业客户的授信余额不得超过资本净额的 15%。

第二节　新型农村金融机构的总体特征

设立新型农村金融机构的目的是为解决农村地区金融机构网点少、金融供给不足、竞争不充分等问题。新型农村金融机构是一类独特的金融服务机构，不同于商业银行等传统金融机构，也不同于农村信用社，具有以下特征。

一、新型农村金融机构服务于农村，服务对象为"三农"

根据《中国银行业监督管理委员会关于调整放宽农村地区银行业金融机构准入政策更好支持社会主义新农村建设的若干意见》，新型农村金融机构设置是为了解决农村地区银行业金融机构网点覆盖率低、金融供给不足、竞争不充分等问题，因此，要求其具备贷款服务功能营业网点设在县（市）或县（市）以下的乡镇和行政村，并保证其贷款业务辐射一定的地域和人群。以上意见决定了新型农村金融机构的使命，就是服务农民、农业和农村经济，为其提供各种金融服务，促进农村经济发展、农民增收。根据规定要求，新型农村金融机构不得进行异地经营，其在当地吸收的资金应尽可能用于当地。

二、新型农村金融机构规模小、经营机制灵活

新型农村金融机构规模较小，注册资本金少，资本来源多样化，银监会鼓励支持和引导境内外银行资本、产业资本和民间资本参与建设，多样化的资本来源为其良好的法人治理结构提供了坚实的基础。银监会的意见要求，新设立或重组的村镇银行，可设董事会，并由董事会行使对高级管理层的监督职能。董事会可不设或少设专门委员会，并可视需要设立相应的专门管理小组或岗位，规模较小的村镇银行，其董事长可兼任行长；信用合作组织可不设理事会，由其社员大会直接选举产生经营管理层，但应设立由利益相关者组成的监事会；专营贷款的全资子公司，其经营管理层可由投资人直接委派，并实施监督。新型农村金融机构较小的规模决定了其简洁、高效的组织层级结构，有利于管理人员及时做出决策，灵活应对各种市场变化。

三、新型农村金融机构的经营风险高

由于新型农村金融机构的贷款对象多是农户和农村小微企业，从而导致其贷款具有高风险性。我国农业劳动生产率低、农产品附加值低、人均耕地不足，普遍缺乏规模化高效益的农业生产单位；农户贷款需求额度小，农业生产风险高，极易形成不良贷款；农业小微企业管理制度、财务制度等不完善，银行难以有效获取相关财务经营信息，加上难以提供有效的抵押品，导致贷款具有较大的风险。

四、注册资本金较低

与其他金融机构的设立相比较，新型农村金融机构设立的资本金要求及门槛要求要低得多。在县（市）设立的村镇银行，注册资本不低于 300 万元人民币，在乡（镇）设立的村镇银行注册资本不低于 100 万元人民币即可。小额贷款公司的注册资本要求更低，不低于 50 万元人民币即可。而农村资金互助社的注册资本要求最低：在乡（镇）设立的农村资金互助社，注册资本不

低于 30 万元人民币，在行政村设立的农村资金互助社，注册资本不低于 10 万元人民币。

五、服务于当地农民、农业和农村经济发展

村镇银行定位于经中国银监会有关机构批准，由境内外金融机构、境内非金融机构企业法人、境内自然人出资，在农村地区设立的主要为当地农民、农业和农村经济发展提供金融服务的银行业金融机构。农村资金互助社定位于中国银行业监督管理委员会批准，农村地区的乡（镇）、农民和农村小企业自愿出资参股组成的股份合作组织，同时受到银行业金融机构等的社会支持，主要面向会员提供储蓄、贷款和结算业务。新型农村金融机构的资金，不能用于"农业、农村"当地以外的地区，仅限于县级行政或乡（镇）和社区一级的目标管理，不允许交叉业务，村镇银行不能授予异地贷款。

六、股东持股比例较集中，以银行业金融机构为主

村镇银行都是由境内外金融机构、境内非金融机构企业法人、境内自然人出资构成的，其最大股东（有时是唯一股东）是银行业金融机构。作为银行业金融机构的最大股东，其持股比例一般都在 20% 以上，而单一自然人股东及单一非银行金融机构或单一法人实体和非金融机构和企业持有股份通常都较少，分别不超过 10%。

七、治理机构设置简便灵活

新型农村金融机构的治理机构设置简便灵活，具有较强的灵活性和实用性。根据银监会的相关规定，新型农村金融机构可根据实际情况，建立不同形式的公司治理结构，不必局限于"三会"的形式，主要着眼于系统的有效性和实用性。

八、监管指标简单明确，并尽可能减少干预

对村镇银行的主要监测指标和监管手段是：当资本充足率大于 8%，不良资产率低于 5% 时，现场检查的频率和程度适当减少；当资本充足率在 4% ~ 8% 时，敦促实行可行的资本补充计划，增加非现场监管和现场检查，适时采取限制其资产增长、限制分红和新购置固定资产或推出新的服务等措施，限期提高资本充足率。对小额贷款公司的监控指标和监管手段是：当资本充足率大于 8%，不良贷款率低于 5% 时，适当减少检查次数；当资本充足率低于 8% 但

大于4%，或不良贷款率5%以上时，增加非现场监管，督促限期补充资本金，提高资产质量；当资本充足率低于4%，或不良贷款比达到15%时，责令调整所有业务，限期重组；当资本充足率低于2%时，则由银行监管机构接管，或者被撤销。

从已建立的新型农村金融机构的业务实践来看，其展现了与以往农村金融改革和传统业务经营不同的模式，已经初步显示出其在农村地区的优越性及生命力。主要体现为以下三点。

一是新型农村金融机构提供了灵活多样的符合农村特点的金融产品，使农村地区的金融产品供给呈现多样化趋势，农民的信贷需求得到更大程度满足。当前伴随着农村城镇化进程和经济发展，农村金融需求呈现多层次、多元化的特点，既有传统的农户小额需求，也有乡镇中小企业融资需求，还包括大型龙头企业的融资需求，原有金融体系很难兼顾到各个方面。新型金融机构以其贴近农村、服务农村、适应农村的特点有效弥补了原有金融机构的不足，一些内生于农村的新型金融机构如资金互助社、小额信贷公司等因地制宜，提供灵活多样的符合农民需求的产品。

二是新型农村金融机构创新金融服务模式，市场交易成本有所降低。农户和中小企业的信贷需求通常具有紧迫性和临时性特点，传统金融机构由于总分支机构的管理模式使交易手续和流程相当烦琐，贷款审批时间较长，变相提高了交易成本，迫使农民选择民间金融作为替代品。新型农村金融机构的主要特点在于组织结构单一，机制灵活，决策迅速，贷款的审批发放相对其他金融机构更有效率。

三是新型农村金融机构的利率定价机制十分灵活。银监会和人民银行放宽了对新型农村金融机构的贷款利率限制，政策上赋予这些机构以更大的定价权，很多调查也显示新型机构在利率上要更为灵活，符合市场的需求。

11

第二章　新型农村金融机构的
创新理论与制度构建

第一节　农村金融相关理论

一、金融脆弱性相关理论

（一）传统金融脆弱性理论是从信贷市场和金融体系的角度来探讨脆弱性的形成机制

1. 古典假说

关于银行业脆弱性问题的研究最早可以追溯到马克思，马克思在《资本论》中提出了"银行体系内在脆弱性假说"，从经济危机的视角阐述了货币信用危机的发生过程。他认为金融体系在私人资本转变为社会资本的进程中起着加速器的作用，在这个过程中金融资本家掠夺了产业资本家和商业资本家的资本，给金融体系本身带来危机。信用关系作为金融体系存在和运行的前提，决不能脱离实体经济。然而，金融资本家追逐剩余价值的本性却使虚拟资本的运动越来越脱离实体经济，从而为资本主义世界中信用关系的崩溃以及经济危机的产生埋下了伏笔。金融危机成为资本主义内在矛盾的必然产物，具有内生型。

继马克思之后，1904 年美国经济学家凡勃伦提出"金融体系不稳定性"的假说。他认为，由于市场对企业的股价脱离企业的实际盈利能力，导致资本主义经济金融市场的周期性崩溃。同时，由于资本主义的发展导致的社会资本所有者的缺位，成为金融体系周期性动荡的动力。凡勃伦最早从制度的角度探讨金融内在的不稳定性，早期制度学派对此问题的研究局限于社会信用制度方面，仅仅将其作为商业周期和经济危机理论的一部分，在研究的广度和深度上有很大的局限性。

费雪（Irving Fisher）发展了凡勃伦的假说，提出了"债务—通货紧缩"的理论。他指出金融体系的脆弱性与宏观经济周期紧密相关，尤其密切相关于债务的清偿，过度负债将引起债务—通货紧缩，给体系稳定发展造成不利影响。

2. 金融脆弱性假说

1982年明斯基提出了"金融脆弱性假说"，最早对金融脆弱性进行全面系统解释，认为金融业高负债经营的行业特征决定了其脆弱性的本性。他在《金融体系内在脆弱性假说》中详细描述了经济危机的产生及发展过程，指出私人信用创造机构尤其是商业银行及关联贷款人的普遍内在属性，将导致经济的周期性危机；银行业的危机将通过资金链传递到经济体的各个部分，从而引发大规模的经济危机。

明斯基通过分析借款方的现金流情况及风险大小，将借款企业分为三类：抵补型企业（Hedge – financed Firm）、投机性企业（Speculative – financed Firm）、庞氏企业（Ponzi Firm）。

①抵补型企业。抵补型企业融资活动是基于未来现金流量的抵补性融资，也是最安全的借款方。其预期收入大于债务额，并且在每一时期，其预期的收入现金也将大于到期的债务本息。

②投机性企业。投机性企业的预期收入在借款的前期小于到期债务的本金，但大于到期债务的利息，在借款的后期可以补偿到期本息以及前期所欠的本金，因此其预期的收入在总量上大于债务额，属于比较安全的借款企业。

③庞氏企业。庞氏企业的预期收入虽然在总量上大于债务额，但从第一期到倒数第二期，预期收入不仅小于到期债务的本金，还低于到期债务的利息，一直到最后一期，其预期收入才可以补偿前期的债务本息。由于庞氏企业在前期的经营过程中必须依靠不断地借新债还旧债，因此市场利率的提高很容易使这种类型的企业陷入经营困境，这种类型的企业风险最大。

明斯基强调经济周期对金融脆弱性的影响，他认为经济周期的存在会诱导企业进行高负债经营。在经济周期初始阶段，绝大多数企业都是抵补型企业，整体风险不大。随着经济的快速发展，企业的预期收入上升，于是借款扩张，信贷量逐步攀升，将使投机性企业和庞氏企业也同时增加。当经济步入繁荣，市场有良好的宏观经济环境和宽松的信贷政策，信贷膨胀，很多的抵补型企业转化为庞氏企业，整个市场的风险上升，金融体系趋于脆弱。此时，任何打断信贷资金流入生产部门的事件都将引起违约和破产，企业违约率的上升会使金融机构信贷风险增大，流动性趋紧，为补充流动性，金融机构被迫抛售资产的

13

行为最终带来资产价格泡沫的破灭和金融危机的爆发。

那么，在经济周期周而复始的循环中，总是会不断地发生金融危机，银行家们为什么没有吸取经验教训呢？对此，明斯基从代际遗忘解释和竞争压力解释两个方面进行了阐述。代际遗忘解释认为今天的贷款人总是容易忘记过去经历的痛苦，当经济重新步入繁荣时，人们的贪欲战胜了恐惧，价格的持续上涨使得人们形成此预期，带动资产价格的不断上涨和信贷的扩张。同时，由于从借款的初始日期到最终的结账日有很长的时间，发放贷款的银行家们可能不需要为自己的行为承担后果，银行家们的这种道德风险进一步缩短了代际遗忘的时间。竞争压力解释则认为贷款人在担心失去顾客和市场的压力下不得不做出许多不审慎的贷款决策。

自 19 世纪 80 年代以来，金融危机频频爆发，第一种解释已很难适用；第二种解释是基于银行家注重短期利益的假说，虽然具有一定的说服力，但这种理论解释也有诸多的局限性，因此，明斯基对金融脆弱性成因的解释是很难令人满意的。

（二）金融机构脆弱性理论

为了更好地解释明斯基的金融内在脆弱性理论，克里格尔（Kregel，1997）引用了"安全边界说"（Margins of Safety）。格雷厄姆和都德（Graham and Dodd，1934）认为，利息承诺的收益保障是安全边界的最全面衡量手段。安全边界的作用在于提供一种保护，以防不测事件使得未来不能有良好记录。对于贷款人和借款人来说，认真地研究预期现金收入说明书和计划投资项目承诺书，是确定双方都可以接受的安全边界的关键一环。与借款企业比较，商业银行对整体市场环境和潜在竞争对手更为熟悉。虽然商业银行不缺乏理性，但对未来市场状况的把握仍是不确定的，贷款风险仍然存在。因此，商业银行的信贷决定还主要是遵守所谓的摩根规则，即是否贷款主要看借款人过去的信贷记录，而不用太关注未来预期。但凯恩斯认为，人们极其缺乏决定长期投资项目收益的知识，因此借款人过去的信用记录没有太大意义。他认为商业银行的贷与不贷偏好依照惯例或其他金融机构的普遍看法，以及参照其他银行正在贷什么项目。经济扩张、安全边界与信用记录权重的相互配合，使他们都变得很自信，没有发现信用风险敞口正在扩大，于是产生了金融脆弱性。金融脆弱性正是建立在安全边界的变化上，即那些缓慢的、不易察觉的行为对安全边界进行侵蚀，由此产生金融脆弱性。当安全边界减弱到最低程度时，即使经济现实略微偏离预期时，借款企业为了兑现固定现金收入流量承诺，也不得不改变已经计划好了的投资行为。这意味着企业将拖延支付，或另找贷款，若不能实现，就只能推迟投资计划，或变卖投资资产。随之，将开始经历费雪提出的债务—紧缩过程。凯恩斯（1936）认为，在不能准确预测未来的情形下，假定未来会重复过去，也是一个好的选择。因此，注重以前信贷记录的摩根规则有其合理性，也可认为金融脆弱性具有内在性。克里格尔（1997）指出，即使银行和借款人都是非常努力的，但这种努力也是非理性的，对于金融脆弱性也无能为力，这是资本主义制度理性运作的自然结果。戴蒙德和戴威希（Diamond and Dybvig，1983）提出了著名的 D－D 模型，并论述在金融市场上有可能存在多重平衡。他们指出，对银行的高度信心是银行部门稳定性的源泉，银行系统的脆弱性主要源于存款者对流动性要求的不确定性，以及银行资产流动性的缺乏。格林纳威和大卫（Greenaway and David）等人指出，一个安全和健全的银行体系是实现经济体系稳定的必要条件，而银行储备资产比率的变化对货币供应有着重要的影响。银行体系的脆弱性需要国家出面提供存款保险以减少挤兑的发生，但这又会恶化金融市场上的逆向选择。因此，对银行体系的脆弱性，关键是要增强银行机构的稳定性。这些分析表明金融机构的脆弱性是金融危机的主要原因。克鲁格曼（Krungman，1998）认为道德风险和过度投资交织在一起，导致了银行的脆弱性，而政府对金融中介机构的隐形担保和裙带资本主义也是导致脆弱性的主要原因。麦金农和皮尔（Mckinnon and Pill，1998）的研究强调了过度借债的作用，特别是当非银行部门出现盲目乐观时，会出现信贷膨胀导致宏观经济过热，从而导致银行系统的不稳定。斯蒂格利茨（Stiglitz，1998）认为，金融业作为一个特殊的行业，其本身蕴藏着的引致金融危机的因素就比一般工商企业多得多。尽管经济政策能够影响波动幅度和持续时间，经济波动却是资本主义经济制度的内在特征。

二、农业信贷补贴论

20 世纪 80 年代以前，农业信贷补贴论是处于主导地位的农村金融理论。该理论支持信贷供给先行的农村金融战略。该理论的前提是：农村居民、特别是贫困阶层没有储蓄能力，农村面临的是慢性资金不足问题。而且由于农业的产业特性（收入的不确定性、投资的长期性、低收益性等），它也不可能成为以利润为目标的商业银行的融资对象。

该理论因此得出结论：为增加农业生产和缓解农村贫困，有必要从农村外部注入政策性资金，并建立非营利性的专门金融机构来进行资金分配。根据该理论，为缩小农业与其他产业之间的结构性收入差距，对农业的融资利率必须较其他产业低。以高利率为特征的非正规金融，使得农户更加穷困并且阻碍了农业生产的发展。为此，通过大银行的农村支行和农村信用合作组织，将大量低息的政策性资金注入农村。同时，对贫困地区实行特殊的政策性金融扶持。

农业信贷补贴论理论的缺陷主要表现在：如果农民存在可以持续得到廉价资金的预期，那么农民就缺乏储蓄的激励，这使得信贷机构无法动员农村储蓄以建立自己的资金来源，从而农业信贷成为纯粹的财政压力；当低利率上限使得农村贷款机构无法补偿由于贷款给小农户而造成的高交易成本时，官方信贷的分配就会偏向于照顾大农户，这使得低息贷款的主要受益人不是农村的穷人，低息贷款的补贴被集中并转移到使用大笔贷款的较富有的农民身上；政府支持的、不具有多少经营责任的农村信贷机构缺少有效地监督其借款者投资和偿债行为的动力，这样会造成借款者故意拖欠贷款。

因此，农业信贷补贴政策会逐渐损害金融市场的可持续发展能力，导致信贷机构活力的衰退，最终使得农业信贷补贴政策代价高昂，且收效甚微。实践表明，农业信贷补贴论下的专门农业贷款机构，从未发展成为净储户与净借款者之间真正的、有活力的金融中介。

三、农村金融市场论

20 世纪 80 年代以来，农村金融市场论或农村金融系统论（Rural Financial Systems Paradigm）逐渐替代了农业信贷补贴论。农村金融市场论是在对农业信贷补贴论批判的基础上产生的，强调市场机制的作用，其主要理论观点与农业信贷补贴论完全相反：农村居民以及贫困阶层是有储蓄能力的。对各类发展中国家的农村地区的研究表明，只要提供存款的机会，即使贫困地区的小农户也可以储蓄相当大数量的存款，故没有必要由外部向农村注入资金；低息政策妨碍人们向金融机构存款，抑制了金融发展；对资金的外部依存度过高，是导致贷款回收率降低的重要因素；由于农村资金拥有较多的机会成本，非正规金融的高利率是理所当然的。

该理论完全依赖市场机制，极力反对政策性金融对市场的扭曲，特别强调利率的市场化。该理论认为，利息补贴应对补贴信贷活动的一系列缺陷负责，而利率自由化可以使农村金融中介机构能够补偿其经营成本。这样就可以要求它们像金融实体那样运行，承担适当的利润限额；利率自由化也可以鼓励金融中介机构有效地动员农村储蓄，这将使它们更加不依赖于外部的资金来源，同时使它们有责任去管理自己的资金。

农村金融市场论的缺陷：通过利率自由化能否使小农户充分地得到正式金

融市场的贷款，仍然是一个问题；自由化的利率可能会减少对信贷的总需求，从而可以在一定程度上改善小农户获得资金的状况，但高成本和缺少担保品仍会使它们不能借到所期望的那么多的资金。所以，仍然需要政府的介入以照顾小农户的利益；在一定的情况下，如果有适当的体制结构来管理信贷计划的话，对发展中国家农村金融市场的介入仍然是有必要的。

四、不完全竞争市场理论

20 世纪 90 年代后，人们认识到为培育有效率的金融市场，需要一些社会性的、非市场的要素来给予它支持。不完全竞争市场论就是其中之一，其基本框架是：发展中国家的金融市场不是一个完全竞争的市场，尤其是贷款一方（金融机构）对借款人的情况根本无法充分掌握（不完全信息），如果完全依靠市场机制就可能无法培育出一个社会所需要的金融市场。为了补救市场的失效部分，有必要采用诸如政府适当介入金融市场以及借款人的组织化等非市场要素。

不完全竞争市场理论又为政府介入农村金融市场提供了理论基础，但显然它不是农业信贷补贴论的翻版。不完全竞争市场理论认为，尽管农村金融市场可能存在的市场缺陷要求政府和提供贷款的机构介入其中，但必须认识到，任何形式的介入，要能够有效地克服由于市场缺陷所带来的问题，都必须要求具有完善的体制结构。因此，对发展中国家农村金融市场的非市场要素介入，首先应该关注改革和加强农村金融机构，排除阻碍农村金融市场有效运行的障碍。这包括消除获得政府优惠贷款方面的垄断局面，随着逐步取消补贴而使优惠贷款越来越集中面向小农户，以及放开利率后使农村金融机构可以完全补偿成本。尽管外部资金对于改革金融机构并帮助其起步是必需的，但政府和提供贷款的单位所提供的资金首先应使用于机构建设的目的，这包括培训管理人员、监督人员和贷款人员，以及建立完善的会计、审计和管理信息系统。

不完全竞争市场理论强调，借款人的组织化等非市场要素对解决农村金融问题是相当重要的。Ghatak（2000）、LaffontN'Guessan（2000）等的研究表明，小组贷款能够提高信贷市场的效率；Ghatak（1999，2000）、Ghatak 和 Guinnane（1999）、Tsaael（1999）等的分析模型解释了，在小组贷款下，同样类型的借款者聚集到一起，有效地解决了逆向选择问题；Besley 和 Stephen（1995）、Stiglitz（1990）的研究表明，尽管在正规金融的信贷中，银行由于无法完全控制借款者行为而面临着道德风险问题，但是，在小组贷款下，同一个小组中的同伴相互监督却可以约束个人从事风险性大的项目，从而有助于解决

17

道德风险问题。

不完全竞争市场理论也为新模式的小额信贷提供了理论基础。新模式的小额信贷强调解决农村金融市场上的信息不对称和高交易成本问题，而旧模式的小额信贷强调通过便宜的资金帮助穷人。旧模式的小额信贷基本上是信贷补贴论的翻版，由于忽略机构的可持续性而难以为继。

五、农村金融与农村经济协调发展理论

宁波大学商学院熊德平教授在其著作《农村金融与农村经济协调发展研究》[①] 以及论文《农村金融与农村金融发展：基于交易视角的概念重构》[②] 中，针对既有农村金融定义的缺陷，重新定义了农村金融概念与农村金融发展的概念，并基于该定义，形成了系统的农村金融与农村经济协调发展理论，构建了我国农村金融与农村经济协调发展的机制与模式。该理论的主要观点有以下几个。

一是农村金融发展的目标在于促进农村经济发展。金融作为促进资本形成的重要方式，农村金融发展是农村经济发展的关键。农村金融发展就是要通过减少农业生产者的借贷成本，提供足够资金，改善其生产和生活条件；通过为其使用现代化技术提供资金支持，以刺激农业生产的发展；通过为其分散存在于生产和经营等过程中的自然风险和市场风险，以增进其农村经济活动的可预见性，促进农村经济发展。

二是农村金融发展必须和农村经济发展相适应。发展中国家的农村金融发展，尤其是我国农村金融发展，主要面对的是大量的分散小农和农村中、小企业，不仅交易规模小、次数频繁、缺少担保或抵押，难以获得建立信用所必需的信息，而且，农民的文化素质和农业生产的季节性等特点，还要求金融服务简便、灵活、及时，加上农村经济尤其是农业投资周期长、收益低、不稳定、自然风险与市场风险并存、比较利益低下等特征，使农村金融的交易成本、资金使用成本和交易风险高，而收益又比较低。现代化的、有组织的正规商业性金融，不仅不愿意涉足农村金融市场，而且，在追求规模经济过程中，形成的一整套有效规避风险的制度和方法，还阻碍甚至禁止农村金融交易。因此，农村金融发展并不表现为金融机构、工具和制度的现代化，而是表现为与农村经济的适应性。

---

① 熊德平. 农村金融与农村经济协调发展研究 [M]. 北京：社会科学文献出版社，2009，1：pp. 66 – 80.

② 熊德平. 农村金融与农村金融发展：基于交易视角的概念重构 [J]. 财经理论与实践，2007，2.

三是农村金融发展必须以政府行为的有效性为前提。农村金融需求往往因正规金融供给短缺和非正规金融成本过高而难以满足，农村金融交易的自我扩张动力不足，农村金融发展的市场机制失灵。在没有政府干预的条件下，农村经济发展和农村金融发展将处于低水平的均衡，进而进入相互抑制的恶性循环。因此，政府必须介入农村金融发展，使之超出"金融交易的扩张"的一般内涵。无疑，政府干预对早期的农村金融发展，尤其是重建并迅速发展农村金融组织十分有效。但金融展开其自身的内在逻辑，以及政府的"有限理性"和"看不见的脚"，必然使政府对金融发展的干预，在经济发展对金融发展的要求不断提高，宏观经济环境更加复杂的条件下，出现干预过度，进而越来越阻碍着农村金融发展，使农村金融发展因缺少有效的市场制度而停滞。因此，农村金融发展必须以政府行为的有效性为前提。

四是农村金融发展受到宏观制度环境的影响和冲击。"农村金融发展"尽管有其自身逻辑，但无法超越经济发展战略和与之相适应的制度安排。而经济发展战略及其制度安排，则取决于经济发展目标、资源禀赋和外部环境。在工业化的初期，工业化所需资金只能来自以农业和农民为主体的农村经济，农村金融发展必须服从工业化战略。计划经济和市场经济的区别，只是手段不同而已，前者是国家对金融实施控制的强制过程，后者是以金融自由化为特征的市场自发过程。从这一意义上讲，工业化过程中农村金融发展外生于农村经济发展。但经济发展对农村经济发展，尤其是农业发展具有基础性的依赖，农村金融发展的上述过程并不能持续，农村金融发展必须保证经济发展所需要的农业和农村经济发展。

这样，内生于农村经济的农村金融也必然客观地存在，"二元金融结构"就变得十分自然。内生于工业化战略的农村正规金融发展，因其和农村经济发展目标不一致，就会不断要求政府压制农村经济内生出来的非正规金融，进而在城乡金融呈现"二元"结构的同时，农村正规金融和非正规金融也表现出"二元"特征。除此以外，政府对金融发展的审慎态度和外部金融发展后果的影响，也通过政府的金融制度安排影响着农村金融发展。新中国成立后的重工业和城市倾斜发展战略，以及市场经济体制下的工业化和城市化步伐，尤其是东南亚金融危机发生后政府在农村金融发展上的现实表现，都是理解"农村金融发展"内涵的最好例证。

六、其他相关理论

（一）信贷配给（Credit Rationing）理论

20 世纪 70 年代中期以后，信贷配给理论渐入成熟。Baltensperger（1974,

1978）将信贷配给分为广义和狭义两类，前者为均衡信贷配给，是由非对称信息造成的以调整利率方式进行；后者为动态信贷配给，它是由非价格因素产生的，其认为非利率条件与利率都是决定贷款价格的因素。信贷配给的内涵可以从宏观和微观两个角度定义。就宏观上的信贷配给而言，它是指在确定的利率条件下，信贷市场上的贷款需求大于供给。就微观角度而言，它又包括两个方面：（1）在所有的贷款申请人当中，一部分人的贷款申请被接受，而另一部分人即使愿意支付高利率也得不到贷款；（2）贷款人的贷款申请只能部分被满足（例如，100 万元的贷款申请只能贷到 50 万元）。

（二）委托代理（Principal – agent Theory）理论

委托代理理论是建立在非对称信息博弈论的基础上的。非对称信息（Asymmetric Information）指的是某些参与人拥有但另一些参与人不拥有的信息。信息的非对称性可从以下两个角度进行划分：一是非对称发生的时间，二是非对称信息的内容。从非对称发生的时间看，非对称性可能发生在当事人签约之前，也可能发生在签约之后，分别称为事前非对称和事后非对称。研究事前非对称信息博弈的模型称为逆向选择模型（Adverse Selection），研究事后非对称信息的模型称为道德风险模型（Moral Hazard）。从非对称信息的内容看，非对称信息可能是指某些参与人的行为（Action），研究此类问题的，称为隐藏行为模型（Hidden Action）；也可能是指某些参与人隐藏的知识（Knowledge），研究此类问题的模型称为隐藏知识模型（Hidden Knowledge）。委托代理理论是制度经济学契约理论的主要内容之一，主要研究的委托代理关系是指一个或多个行为主体根据一种明示或隐含的契约，指定、雇佣另一些行为主体为其服务，同时授予后者一定的决策权力，并根据后者提供的服务数量和质量对其支付相应的报酬。授权者就是委托人，被授权者就是代理人。委托代理关系起源于"专业化"的存在。当存在"专业化"时就可能出现一种关系，在这种关系中，代理人由于相对优势而代表委托人行动。现代意义的委托代理的概念最早是由罗斯提出的："如果当事人双方，其中代理人一方代表委托人一方的利益行使某些决策权，则代理关系就随之产生。"委托代理理论从不同于传统微观经济学的角度来分析企业内部、企业之间的委托代理关系，它在解释一些组织现象时，优于一般的微观经济学。委托代理理论是过去 30 多年里契约理论最重要的发展之一，它是 20 世纪 60 年代末 70 年代初一些经济学家深入研究企业内部信息不对称和激励问题发展起来的。委托代理理论的中心任务是研究在利益相冲突和信息不对称的环境下，委托人如何设计最优契约激励代理人。

（三）交易成本理论（Transaction Cost Theory），也称交易费用理论

交易成本理论是用比较制度分析方法研究经济组织制度的理论。它是英国经济学家罗纳德·哈里·科斯（R. H. Coase）1937 年在其重要论文《论企业的性质》中提出来的。它的基本思路是：围绕交易费用节约这一中心，把交易作为分析单位，找出区分不同交易的特征因素，然后分析什么样的交易应该用什么样的体制组织来协调。科斯认为，交易成本是获得准确市场信息所需要的费用，以及谈判和经常性契约的费用。也就是说，交易成本由信息搜寻成本、谈判成本、缔约成本、监督履约情况的成本、可能发生的处理违约行为的成本所构成。

科斯在尝试解释企业何以存在时为经济理论"发现"的就是这种反复发生的交易成本。他的结论是，通过建立一种无限期的、半永久性的层级性关系，或者说通过将资源结合起来形成像企业那样的组织，可以减少在市场中转包某些投入的成本。一种多少具有一定持久性的组织关系，如一个雇员与企业的关系，对企业来说，能节省每天去市场上招聘雇员的成本；对于雇员来说，能减少每天去市场应聘的成本和失业风险成本。这种"持久性的组织关系"就是制度，包括契约，也包括政策等。因此，依靠体制组织、契约政策等制度，采纳和利用标准化的度量衡，能降低交易成本的水平。

交易成本理论中的制度在经济分析中的重要性，使许多经济学者重构了制度经济学，并把它与 19 世纪末 20 世纪初德国"历史学派"和美国制度主义理论家的那种注重对制度做描述性分析的研究区分开来，有人冠之以"新制度经济学"（New Institutional Economics），但我们仍然习惯地称之为制度经济学或制度分析学派。制度经济学研究经济生活与制度之间的双向关系，关心的是分析各种具有协调功能的规则和规则集等。制度经济学家也普遍关注公共政策与制度之间的互动关系。公共政策意味着通过政治的和集体的手段系统地追求某些目标。公共政策不仅由政府主体（议会、政治家、行政官员）来实施，它还由有组织集团的代表，像工会、行业协会、消费者和福利方面的院外集团、官僚和某些个人来实施，这些集团的代表左右着集体行动。集体行动涉及两个以上伙伴之间的协议，并往往涉及隐含于一共同体内千万人当中的协议。这种"协议"就是规则，而制度被定义为由人制定的规则，那么这种"协议"就是制度。它抑制着人际中可能出现的任意行为和机会主义行为；它为一个共同体所共有并总是依靠某种惩罚而得以贯彻。由此可知，公共政策也是一种制度。同时，公共政策知识有助于根据特定目标在现实世界中形成各种制度。经济学家可以就如何才能在不同制度集的基础上更有效率地追求特定目标提出政

策建议。公共政策——在追求某些目标上对政治手段的系统应用——通常是在既定的制度约束中展开的，但它也可以靠努力改变制度的方式来实施。制度变革既可以通过明确的直接方式来实现，也可以表现为公共政策行动的一种副效应。

七、新型农村金融机构创新理论根据

（一）普惠金融理论

普惠金融（Inclusive Financial System）是能有效、全方位地为社会所有阶层和群体提供服务的金融体系。普惠金融，也称包容性金融，其核心是有效、全方位地为社会所有阶层和群体提供金融服务。普惠金融核心价值观是信贷权是人权，每个人都应该有获得金融服务机会的权利。

普惠性金融体系框架认同的是将包括弱势群体在内的金融服务有机融入微观、中观和宏观三个层面的金融体系，使过去被排斥于金融服务之外的大规模客户群体能够获益。最终，这种包容性的金融体系能够对绝大多数人，包括过去难以达到的更贫困和更偏远地区的客户提供金融支持。

客户层面。贫困和低收入客户是这一金融体系的中心，他们对金融服务的需求决定着金融体系各个层面的行动。

微观层面。金融体系的脊梁仍然为零售金融服务的提供者，它直接向穷人和低收入者提供服务。这些微观层面的服务提供者应包括从民间借贷到商业银行以及位于它的中间的各种类型金融组织。

中观层面。这一层面包括了基础性的金融设施和一系列的能使金融服务提供者实现降低交易成本、扩大服务规模和深度、提高技能、促进透明的要求。这涵盖了很多的金融服务相关者和活动，例如审计师、评级机构、专业业务网络、行业协会、征信机构、结算支付系统、信息技术、技术咨询服务、培训等。这些服务实体可以是跨国界的、地区性的或全球性组织。

宏观层面。如要使可持续性的小额信贷蓬勃繁荣发展，就必须有适宜的制度法规和政策框架。国家政府、中央银行（金融监管当局）、财政部和其他相关政府机构是主要的宏观层面的参与者。

普惠金融虽然还不能称为系统的金融理论，但是作为金融创新的理念和价值观，对推动金融机构创新、金融产品和服务创新，为被边缘化的广大社会群体提供金融服务具有重要的理论指导意义。从中央一号文件到中国银行业监督管理委员会有关新型农村金融服务体系的制度与政策创新中，无不包含着普惠金融的价值理念。全国人大财经委员会副主任委员吴晓灵多次强调要建立中国

的普惠金融体系。普惠金融的核心"就是让每一个人都能在有金融需求时，能以合适的价格及时地、有尊严地享受方便的、高质量的金融服务"。可见，普惠金融不仅是包括低收入和贫困人群，而是包括所有人的金融普惠服务。从理论上说，普惠金融体系不仅包括所有的正规金融机构，还包括非正规金融机构；既包括商业性金融，又包括政策性金融；既包括大型金融服务，又包括中小微型金融服务。

人们普遍认为，我国新型农村金融机构创新的核心价值理念就在于推动普惠金融体系建设，惠及千千万万的广大农村的亟待需要金融服务的弱势群体。所以，普惠制金融成为农村资金互助社、小额贷款组织等类型金融机构创新的理论根据。

（二）熟人社会理论

"熟人社会"，一般是指人与人之间有着一种私人关系，人与人通过这种关系联系起来，构成一张张关系网。熟人社会，更通俗地讲就是"小圈子"社会。20世纪费孝通在《乡土中国》提出了这一概念，认为中国传统社会有一张复杂庞大的关系网，人熟是一宝。民间"熟人好办事"的说法，正是对熟人社会的一种朴素表达。熟人以及所谓"熟人社会"现象是生物尤其人类原始生存本能所导致的自然现象，符合人生三定律、生物利己三定律、生物适应与诱导定律等理论。

背景和关系是熟人社会的典型话语。所以有人把"熟人社会"亦称为"关系社会""后门社会"。责、权、利的界线较为模糊，他人的权利容易被侵犯，在公共事务中则容易发生论资排辈、任人唯亲、徇私舞弊等。

目前，国内关于"熟人社会"的研究大致有两点：一是市场经济大潮正引起中国社会结构的深刻变迁，注重亲情关系和地缘关系的熟人社会即将终结，而以追逐利益为根本目的的陌生社会已经到来；二是妨碍市场发展和社会法制化建设的"熟人社会"正在以新的形式展开，我们应当转变政府职能，发挥市场和民间的积极作用，努力去瓦解这类不好的熟人社会。

在西方工业化的进程中，许多社会学家看到了其中的变化，比如梅因认为这是身份向契约的转变；藤尼斯指出这是社会向社区的转型；迪尔凯姆提出这是机械团结与有机团结的差别；而雷德弗尔得则直接看到这就是乡村与城市不同的生活方式。美国社会学家帕森斯在研究了中国儒家社会的特点之后提出了两个对应的社会行为概念——特殊主义和普遍主义。

尽管人们对熟人社会理论认知的态度和观念有所不同。但是，一些人还是认为新型农村金融机构创新是基于熟人社会这一前提条件。比如，农村资金互

23

助社的建立以及农民专业合作内开展的资金互助都与熟人好办事有直接的联系。因为"熟人"意味着信息对称，降低交易成本，风险相对较低。

全国人大财经委副主任委员吴晓灵多年来提倡，将农村资金互助社建成资金零售商，凭借其植根于熟人社会的特点，由其向大型商业性金融机构批发资金后贷给农户。

（三）合作金融理论

合作金融是按合作制原则组建起来的一种金融组织形式。1995 年，国际合作联盟对合作制确定了 7 条原则：自愿开放的原则；民主管理，一人一票的原则；社员入股，按交易量分配的原则；自主经营、自担风险的原则；教育、培训的原则；合作社间的合作原则；关心社区发展的原则。合作金融体现的是自愿、民主、平等、互助的合作关系。

合作金融思想和组织产生于 19 世纪中叶的德国，最早的信用合作社就是由德国人舒尔茨于 1850 年建立的。合作金融与国有金融、民间金融相比，具有以下几个特点：一是以资金互助合作为基础；二是弱势经济组织的合作组织形式；三是不单纯以营利为目的；四是采取民主方式进行管理；五是以灵活的方式进行经营，主要体现在自主经营、自负盈亏、"船小好调头"，并享受国家各种优惠政策；六是合作金融虽然包括精神和道德因素，但异于慈善机构。合作金融历经 150 多年的发展，已成为各国经济建设中不可或缺的重要力量，在发达国家农村经济发展过程中，也具有不可替代的作用。

第二节　顶层制度设计与配套政策

一、新型农村金融机构制度与政策创新

我国新型农村金融机构制度与政策创新主要包括三个层面：以"中央一号文件"为代表的国家层面的制度创新；以中国银行业监督委员会、财政部和农业部为代表的第二个层面的政策创新；第三个层面是各地方政府的相关部门的政策创新。

"中央一号文件"是新型农村金融机构创新的制度总框架。"中央一号文件"原指中共中央每年发的第一份文件，现在已经成为中共中央重视农村问题的专有名词。回归历年关注三农的"中央一号文件"，分为两大阶段：第一阶段（1982 年至 1986 年）的"中央一号文件"主要关注农村联产承包责任制问题，确定农村经济发展的基础。第二阶段（2004 年至 2016 年）的"中央一

号文件"更加全面系统地阐述"三农"问题，重点转向新型农村经济组织以及"三农"金融难问题。

（一）夯实基础，稳定农村经济发展的基础

第一阶段，中共中央在1982年至1986年连续五年发布以农业、农村和农民为主题的"中央一号文件"，对农村改革和农业发展做出具体部署。

1982年1月1日，中共中央发出第一个关于"三农"问题的"中央一号文件"，对迅速推开的农村改革进行了总结。文件明确指出包产到户、包干到户或大包干"都是社会主义生产责任制"，同时还说明它"不同于合作化以前的小私有的个体经济，而是社会主义农业经济的组成部分"。1983年1月，第二个"中央一号文件"《当前农村经济政策的若干问题》正式颁布。文件从理论上说明了家庭联产承包责任制"是在党的领导下中国农民的伟大创造，是马克思主义农业合作化理论在我国实践中的新发展"。1984年1月1日，中共中央发出《关于一九八四年农村工作的通知》，即第三个"中央一号文件"。文件强调要继续稳定和完善联产承包责任制，规定土地承包期一般应在15年以上，生产周期长的和开发性的项目，承包期应当更长一些。1985年1月，中共中央、国务院发出《关于进一步活跃农村经济的十项政策》，即第四个"中央一号文件"。文件取消了30年来农副产品统购派购的制度，对粮、棉等少数重要产品采取国家计划合同收购的新政策。1986年1月1日，中共中央、国务院下发了《关于一九八六年农村工作的部署》，即第五个"中央一号文件"。文件肯定了农村改革的方针政策是正确的，必须继续贯彻执行。

（二）农民增收、农村发展、农业转型、金融先行

时隔18年，时任中共中央总书记胡锦涛于2003年12月30日签署《中共中央、国务院关于促进农民增加收入若干政策的意见》（中发〔2004〕1号）。2004年至2016年又连续13年发布以"三农"（农业、农村、农民）为主题的"中央一号文件"，强调了"三农"问题在中国的社会主义现代化时期"重中之重"的地位。

第二阶段中央发布的"中央一号文件"开始关注农村金融改革问题（2011年"中央一号文件"除外，其关注水利建设）。这是实现农村经济转型的必然举措，是农村经济发展的客观规律。

2004年的"中央一号文件"《中共中央、国务院关于促进农民增加收入若干政策的意见》的第十九款提出了"改革和创新农村金融体制"，其主要内容是："要从农村实际和农民需要出发，按照有利于增加农户和企业贷款，有利于改善农村金融服务的要求，加快改革和创新农村金融体制。建立金融机构对

农村社区服务的机制，明确县域内各金融机构为'三农'服务的义务。扩大农村贷款利率浮动幅度。进一步完善邮政储蓄的有关政策，加大农村信用社改革的力度，缓解农村资金外流。农业银行等商业银行要创新金融产品和服务方式，拓宽信贷资金支农渠道。农业发展银行等政策性银行要调整职能，合理分工，扩大对农业、农村的服务范围。要总结农村信用社改革试点经验，创造条件，在全国逐步推开。继续扩大农户小额信用贷款和农户联保贷款。鼓励有条件的地方，在严格监管、有效防范金融风险的前提下，通过吸引社会资本和外资，积极兴办直接为'三农'服务的多种所有制的金融组织。有关部门要针对农户和农村中小企业的实际情况，研究提出多种担保办法，探索实行动产抵押、仓单质押、权益质押等担保形式。鼓励政府出资的各类信用担保机构积极拓展符合农村特点的担保业务，有条件的地方可设立农业担保机构，鼓励现有商业性担保机构开展农村担保业务。加快建立政策性农业保险制度，选择部分产品和部分地区率先试点，有条件的地方可对参保种植业及养殖业的农户给予一定的保费补贴。"上述这段话标志着新世纪以来中国农村金融改革序幕正式拉开，也为新型农村金融机构的建立奠定了制度基础。

2004年的"中央一号文件"提出："鼓励有条件的地方，在严格监管、有效防范金融风险的前提下，通过吸引社会资本和外资，积极兴办直接为'三农'服务的多种所有制的金融组织。"这标志着我国新型农村金融机构创新的制度框架正式确定。

2005年的"中央一号文件"《中共中央、国务院关于进一步加强农村工作提高农业综合生产能力若干政策的意见》（2004年12月31日）的第二十三款提出："推进农村金融改革和创新"的内容是"要针对农村金融需求的特点，加快构建功能完善、分工合理、产权明晰、监管有力的农村金融体系。抓紧研究制定农村金融总体改革方案。继续深化农村信用社改革，要在完善治理结构、强化约束机制、增强支农服务能力等方面取得成效，进一步发挥其农村金融的主力军作用。抓紧制定县域内各金融机构承担支持'三农'义务的政策措施，明确金融机构在县及县以下机构、网点新增存款用于支持当地农业和农村经济发展的比例。采取有效办法，引导县及县以下吸收的邮政储蓄资金回流农村。加大政策性金融支农力度，增加支持农业和农村发展的中长期贷款，在完善运行机制基础上强化农业发展银行的支农作用，拓宽业务范围。农业银行要继续发挥支持农业、服务农村的作用。培育竞争性的农村金融市场，有关部门要抓紧制定农村新办多种所有制金融机构的准入条件和监管办法，在有效防范金融风险的前提下，尽快启动试点工作。有条件的地方，可以探索建立更加贴近农民和农村需要、由自然人或企业发起的小额信贷组织。加快落实对农户和农村中小企业实行多种抵押担保形式的有关规定。扩大农业政策性保险的试点范围，鼓励商业性保险机构开展农业保险业务。"上述文件精神明确要求加快新型农村金融机构的试点工作，并且要求有条件的地方加快小额信贷组织的建立，如"培育竞争性的农村金融市场，有关部门要抓紧制定农村兴办多种所有制金融机构的准入条件和监管办法，在有效防范金融风险的前提下，尽快启动试点工作。有条件的地方可以探索建立更加贴近农民和农村需要、由自然人或企业发起的小额信贷组织"。可见，小额信贷组织成为"中央一号文件"中最早提出的新型农村金融机构组织形式。

2006 年"中央一号文件"《中共中央、国务院关于推进社会主义新农村建设的若干意见》（2005 年 12 月 31 日）第六条"全面深化农村改革，健全社会主义新农村建设的体制保障"的第二十五款"加快推进农村金融改革"的内容是："巩固和发展农村信用社改革试点成果，进一步完善治理结构和运行机制。县域内各金融机构在保证资金安全的前提下，将一定比例的新增存款投放当地，支持农业和农村经济发展，有关部门要抓紧制定管理办法。扩大邮政储蓄资金的自主运用范围，引导邮政储蓄资金返还农村。调整农业发展银行职能定位，拓宽业务范围和资金来源。国家开发银行要支持农村基础设施建设和农业资源开发。继续发挥农业银行支持农业和农村经济发展的作用。在保证资本金充足、严格金融监管和建立合理有效的退出机制的前提下，鼓励在县域内设立多种所有制的社区金融机构，允许私有资本、外资等参股。大力培育由自然人、企业法人或社团法人发起的小额贷款组织，有关部门要抓紧制定管理办法，引导农户发展资金互助组织，规范民间借贷。稳步推进农业政策性保险试点工作，加快发展多种形式、多种渠道的农业保险。各地可通过建立担保基金或担保机构等办法，解决农户和农村中小企业贷款抵押担保难问题，有条件的地方政府可给予适当扶持。"上述文件从三个层面，为三类不同新型农村金融机构的建立奠定了制度基础。一是为村镇银行的建立进行了制度创新，如"在保证资本金充足、严格金融监管和建立合理有效的退出机制的前提下，鼓励在县域内设立多种所有制的社区金融机构，允许私有资本、外资等参股。"二是为农村资金互助组织的建立创造条件，如"引导农户发展资金互助组织。"三是明确小额贷款组织的发展方向，并要求加快培育发展，如"大力培育由自然人、企业法人或社团法人发起的小额贷款组织，有关部门要抓紧制定管理办法。"

2007 年的"中央一号文件"《中共中央、国务院关于积极发展现代农业扎

27

实推进社会主义新农村建设的若干意见》（2007 年 1 月）第一条"加大对'三农'的投入力度，建立促进现代农业建设的投入保障机制"的第一款"大幅度增加对'三农'的投入"的内容是："各级政府要切实把基础设施建设和社会事业发展的重点转向农村，国家财政新增教育、卫生、文化等事业经费和固定资产投资增量主要用于农村，逐步加大政府土地出让收入用于农村的比重。要建立'三农'投入稳定增长机制，积极调整财政支出结构、固定资产投资结构和信贷投放结构，中央和县级以上地方财政每年对农业总投入的增长幅度应当高于其财政经常性收入的增长幅度，尽快形成新农村建设稳定的资金来源。2007 年，财政支农投入的增量要继续高于上年，国家固定资产投资用于农村的增量要继续高于上年，土地出让收入用于农村建设的增量要继续高于上年。建设用地税费提高后新增收入主要用于'三农'。加快制定农村金融整体改革方案，努力形成商业金融、合作金融、政策性金融和小额贷款组织互为补充、功能齐备的农村金融体系，探索建立多种形式的担保机制，引导金融机构增加对'三农'的信贷投放。加大支农资金整合力度，抓紧建立支农投资规划、计划衔接和部门信息沟通工作机制，完善投入管理办法，集中用于重点地区、重点项目，提高支农资金使用效益。要注重发挥政府资金的带动作用，引导农民和社会各方面资金投入农村建设。加快农业投入立法进程，加强执法检查。"2007 年的"中央一号文件"重点强调了农村金融改革的总体方案和思路，明确了新型农村金融机构的补充地位，为新型农村金融机构的创新和成长奠定了基础，如"加快制定农村金融整体改革方案，努力形成商业金融、合作金融、政策性金融和小额贷款组织互为补充、功能齐备的农村金融体系，探索建立多种形式的担保机制，引导金融机构增加对'三农'的信贷投放。"

2008 年中央格外关注"三农"问题，先后出台了两个重要文件：2008 年"中央一号文件"《中共中央、国务院关于切实加强农业基础建设进一步促进农业发展农民增收的若干意见》和《中共中央关于推进农村改革发展若干重大问题的决定》（2008 年 10 月 12 日，中国共产党第十七届中央委员会第三次全体会议通过）。

2008 年的"中央一号文件"第六条"稳定完善农村基本经营制度和深化农村改革"之第五款"加快农村金融体制改革和创新"的内容是："加快推进调整放宽农村地区银行业金融机构准入政策试点工作。加大农业发展银行支持'三农'的力度。推进农业银行改革。继续深化农村信用社改革，加大支持力度，完善治理结构，维护和保持县级联社的独立法人地位。邮政储蓄银行要通过多种方式积极扩大涉农业务范围。积极培育小额信贷组织，鼓励发展信用贷款和联保贷款。通过批发或转贷等方式，解决部分农村信用社及新型农村金融机构资金来源不足的问题。加快落实县域内银行业金融机构将一定比例新增存款投放当地的政策。推进农村担保方式创新，扩大有效抵押品范围，探索建立政府支持、企业和银行多方参与的农村信贷担保机制。制定符合农村信贷业务特点的监管制度。加强财税、货币政策的协调和支持，引导各类金融机构到农村开展业务。完善政策性农业保险经营机制和发展模式。建立健全农业再保险体系，逐步形成农业巨灾风险转移分担机制。"

　　2008 年 10 月 9 日发布的《中共中央关于推进农村改革发展若干重大问题的决定》的第三条第四款"建立现代农村金融制度"的内容是："农村金融是现代农村经济的核心。创新农村金融体制，放宽农村金融准入政策，加快建立商业性金融、合作性金融、政策性金融相结合，资本充足、功能健全、服务完善、运行安全的农村金融体系。加大对农村金融政策支持力度，拓宽融资渠道，综合运用财税杠杆和货币政策工具，定向实行税收减免和费用补贴，引导更多信贷资金和社会资金投向农村。各类金融机构都要积极支持农村改革发展。坚持农业银行为农服务的方向，强化职能、落实责任，稳定和发展农村服务网络。拓展农业发展银行支农领域，加大政策性金融对农业开发和农村基础设施建设中长期信贷支持。扩大邮政储蓄银行涉农业务范围。县域内银行业金融机构新吸收的存款，主要用于当地发放贷款。改善农村信用社法人治理结构，保持县（市）社法人地位稳定，发挥为农民服务主力军的作用。规范发展多种形式的新型农村金融机构和以服务农村为主的地区性中小银行。加强监管，大力发展小额信贷，鼓励发展适合农村特点和需要的各种微型金融服务。允许农村小型金融组织从金融机构融入资金。允许有条件的农民专业合作社开展信用合作。规范和引导民间借贷健康发展。加快农村信用体系建设。建立政府扶持、多方参与、市场运作的农村信贷担保机制。扩大农村有效担保物范围。发展农村保险事业，健全政策性农业保险制度，加快建立农业再保险和巨灾风险分散机制。加强农产品期货市场建设。"

　　2008 年中央发布的关于"三农"问题的上述两个文件的制度创新亮点主要表现为：一是再次强调小额贷款组织的培育发展，并为解决新型农村金融机构资金缺口提出了融资依据，如"积极培育小额信贷组织，鼓励发展信用贷款和联保贷款。通过批发或转贷等方式，解决部分农村信用社及新型农村金融机构资金来源不足的问题"。二是明确新型农村金融机构功能定位及发展空间，如"新农村金融体制，放宽农村金融准入政策，加快建立商业性金融、合作性金融、政策性金融相结合，资本充足、功能健全、服务完善、运行安全的农村金融体系"。三是为新型农村金融机构组织形式多元化奠定了基础,如"规范发展多种形式的新型农村金融机构"等。四是明确新型农村金融机构的发展方向,如"大力发展小额信贷,鼓励发展适合农村特点和需要的各种微型金融服务"。五是再次强调新型农村金融机构的融资问题,如"允许农村小型金融组织从金融机构融入资金"。六是首次提出允许农民专业合作社开展资金互助业务,如"允许有条件的农民专业合作社开展信用合作"。

2009年的"中央一号文件"《中共中央、国务院关于促进农业稳定发展农民持续增收的若干意见》(2008年12月31日)第一条"加大对农业的支持保护力度"的第四款"增强农村金融服务能力"的内容是:"抓紧制定鼓励县域内银行业金融机构新吸收的存款主要用于当地发放贷款的实施办法,建立独立考核机制。在加强监管、防范风险的前提下,加快发展多种形式新型农村金融组织和以服务农村为主的地区性中小银行。鼓励和支持金融机构创新农村金融产品和金融服务,大力发展小额信贷和微型金融服务,农村微小型金融组织可通过多种方式从金融机构融入资金。积极扩大农村消费信贷市场。依法开展权属清晰、风险可控的大型农用生产设备、林权、四荒地使用权等抵押贷款和应收账款、仓单、可转让股权、专利权、商标专用权等权利质押贷款。抓紧出台对涉农贷款定向实行税收减免和费用补贴、政策性金融对农业中长期信贷支持、农民专业合作社开展信用合作试点的具体办法。放宽金融机构对涉农贷款的呆账核销条件。加快发展政策性农业保险,扩大试点范围、增加险种,加大中央财政对中西部地区保费补贴力度,加快建立农业再保险体系和财政支持的巨灾风险分散机制,鼓励在农村发展互助合作保险和商业保险业务。探索建立农村信贷与农业保险相结合的银保互动机制。"2009年的"中央一号文件"对新型农村金融机构发展重点强调了:一是服务"三农"微型金融机构产品和业务创新问题以及融资方式,如"大力发展小额信贷和微型金融服务,农村微小型金融组织可通过多种方式从金融机构融入资金。"二是对新型农村金融机构采取财政政策和税收政策的支持,如"抓紧出台对涉农贷款定向实行税收减免和费用补贴、政策性金融对农业中长期信贷支持"。三是要求抓紧制定"农民专业合作社开展信用合作试点的具体办法",这说明农民专业合作社开展信用合作有了制度保障。

2010年"中央一号文件"《中共中央、国务院关于加大统筹城乡发展力度,进一步夯实农业农村发展基础的若干意见》(2009年12月31日)第一条"健全强农惠农政策体系,推动资源要素向农村配置"的第三款"提高农村金融服务质量和水平"的内容是:"加强财税政策与农村金融政策的有效衔接,引导更多信贷资金投向'三农'，切实解决农村融资难问题。落实和完善涉农贷款税收优惠、定向费用补贴、增量奖励等政策。进一步完善县域内银行业金融机构新吸收存款主要用于当地发放贷款政策。加大政策性金融对农村改革发展重点领域和薄弱环节支持力度，拓展农业发展银行支农领域，大力开展农业开发和农村基础设施建设中长期政策性信贷业务。农业银行、农村信用社、邮政储蓄银行等银行业金融机构都要进一步增加涉农信贷投放。积极推广农村小额信用贷款。加快培育村镇银行、贷款公司、农村资金互助社，有序发展小额贷款组织，引导社会资金投资设立适应'三农'需要的各类新型金融组织。抓紧制定对偏远地区新设农村金融机构费用补贴等办法，确保3年内消除基础金融服务空白乡镇。针对农业农村特点，创新金融产品和服务方式，搞好农村信用环境建设，加强和改进农村金融监管。建立农业产业发展基金。积极扩大农业保险保费补贴的品种和区域覆盖范围，加大中央财政对中西部地区保费补贴力度。鼓励各地对特色农业、农房等保险进行保费补贴。发展农村小额保险。健全农业再保险体系，建立财政支持的巨灾风险分散机制。支持符合条件的涉农企业上市。"2010年"中央一号文件"制度创新的最大亮点是，首先，首次明确提出了三类不同的新型农村金融机构组织的名称，如"加快培育村镇银行、贷款公司、农村资金互助社，有序发展小额贷款组织，引导社会资金投资设立适应'三农'需要的各类新型金融组织"。正式明确了新型农村金融机构的组织名称，为其规范发展奠定了重要基础。其次，进一步强调了对新型农村金融机构的财税政策支持，如"落实和完善涉农贷款税收优惠、定向费用补贴、增量奖励等政策"。最后，要求新型农村金融机构和金融服务向偏僻地区延伸，向村屯下沉，如"抓紧制定对偏远地区新设农村金融机构费用补贴等办法，确保3年内消除基础金融服务空白乡镇。"

2012年"中央一号文件"《关于加快推进农业科技创新持续增强农产品供给保障能力的若干意见》第一条"加大投入强度和工作力度，持续推动农业稳定发展"的第四款"提升农村金融服务水平"的内容是："加大农村金融政策支持力度，持续增加农村信贷投入，确保银行业金融机构涉农贷款增速高于全部贷款平均增速。完善涉农贷款税收激励政策，健全金融机构县域金融服务考核评价办法，引导县域银行业金融机构强化农村信贷服务。大力推进农村信用体系建设，完善农户信用评价机制。深化农村信用社改革，稳定县（市）农村信用社法人地位。发展多元化农村金融机构，鼓励民间资本进入农村金融服务领域，支持商业银行到中西部地区县域设立村镇银行。有序发展农村资金互助组织，引导农民专业合作社规范开展信用合作。完善符合农村银行业金融机构和业务特点的差别化监管政策，适当提高涉农贷款风险容忍度，实行适度宽松的市场准入、弹性存贷比政策。继续发展农户小额信贷业务，加大对种养大户、农民专业合作社、县域小型微型企业的信贷投放力度。加大对科技型农村企业、科技特派员下乡创业的信贷支持力度，积极探索农业科技专利质押融资业务。支持农业发展银行加大对农业科技的贷款力度。鼓励符合条件的涉农企业开展直接融资，积极发展涉农金融租赁业务。扩大农业保险险种和覆盖面，开展设施农业保费补贴试点，扩大森林保险保费补贴试点范围，扶持发展渔业互助保险，鼓励地方开展优势农产品生产保险。健全农业再保险体系，逐步建立中央财政支持下的农业大灾风险转移分散机制。"2012 年的"中央一号文件"，首先，强调了对新型农村金融机构准入实行差别化政策，如"完善符合农村银行业金融机构和业务特点的差别化监管政策，适当提高涉农贷款风险容忍度，实行适度宽松的市场准入、弹性存贷比等政策发展多元化农村金融机构，鼓励民间资本进入农村金融服务领域，支持商业银行到中西部地区县域设立村镇银行"。其次，继续强调"有序发展农村资金互助组织"。再次，引导农民专业合作社规范开展信用合作。最后，继续发展农户小额信贷业务，加大对种养大户、农民专业合作社、县域小型微型企业的信贷投放力度。

2013 年"中央一号文件"，《中共中央、国务院关于加快发展现代农业进一步增强农村发展活力的若干意见》（2013 年 2 月）第二条"健全农业支持保护制度，不断加大强农惠农富农政策力度"的第二款"改善农村金融服务"的内容是："加强国家对农村金融改革发展的扶持和引导，切实加大商业性金融支农力度，充分发挥政策性金融和合作性金融作用，确保持续加大涉农信贷投放。创新金融产品和服务，优先满足农户信贷需求，加大新型生产经营主体信贷支持力度。加强财税杠杆与金融政策的有效配合，落实县域金融机构涉农贷款增量奖励、农村金融机构定向费用补贴、农户贷款税收优惠、小额担保贷款贴息等政策。稳定县（市）农村信用社法人地位，继续深化农村信用社改革。探索农业银行服务"三农"新模式，强化农业发展银行政策性职能定位，鼓励国家开发银行推动现代农业和新农村建设。支持社会资本参与设立新型农村金融机构。改善农村支付服务条件，畅通支付结算渠道。加强涉农信贷与保险协作配合，创新符合农村特点的抵（质）押担保方式和融资工具，建立多层次、多形式的农业信用担保体系。扩大林权抵押贷款规模，完善林业贷款贴息政策。健全政策性农业保险制度，完善农业保险保费补贴政策，加大对中西部地区、生产大县农业保险保费补贴力度，适当提高部分险种的保费补贴比例。开展农作物种植业、渔业、农机、农房保险和重点国有林区森林保险保费补贴试点。推进建立财政支持的农业保险大灾风险分散机制。支持符合条件的农业产业化龙头企业和各类农业相关企业通过多层次资本市场筹集发展资金。"2013年的"中央一号文件"在制度上放宽了社会资本参与新型农村金融机构设立与经营业务的限制，提出"支持社会资本参与设立新型农村金融机构"。同时，对新型农村金融机构财税政策支持力度加大，提出"加强财税杠杆与金融政策的有效配合，落实县域金融机构涉农贷款增量奖励、农村金融机构定向费用补贴、农户贷款税收优惠、小额担保贷款贴息等政策"。

2014年至2016年的"中央一号文件"，则连续三年将"农业现代化"写入文件标题。当前，我国农业面临千年未有之变局，迫切需要通过落实新理念，加快推进农业现代化，从根本上提升竞争力，破解农业农村发展面临的各种难题。

随着中央强农惠农富农政策不断完善，新农村建设发展势头良好。但不可否认的是，农村基础设施依然薄弱，重建设轻管护；农村基本公共服务难以适应当下 农民需求，重硬件轻软件；农村环境存在脏、乱、差现象，重眼前轻规划；农村老龄化、空心化严重，推进市民化过程中重"面子"轻"里子"。特别是农村仍存在 大量贫困人口，亟待脱贫致富。对此2016年"中央一号文件"提出，把国家财政支持的基础设施重点放在农村，建好、管好、护好、运营好农村基础设施，加快推动城镇公共服务向农村延伸，开展农村人居环境整治行动和美丽宜居乡村建设，推进农村劳动力就业创业和农民工市民化，实施脱贫攻坚工程，坚决打赢脱贫攻坚战。

二、中国银监会对新型农村金融机构培育发展的政策创新

"中央一号文件"为新型农村金融机构的诞生建立了制度总框架，为相关部门制定新型农村金融机构的具体政策措施提供了重要的指导方针。围绕着新型农村金融机构设立、管理、鼓励措施等方面，中国银监会、财政部和农业部单独或者联合制定了一系列政策措施，规范引导新型农村金融机构的发展。

（一）中国农村金融破题之年新一轮农村金融改革启动

在2004年和2005年"中央一号文件"的指导下，2006年，中国银行业监督管理委员会出台了《关于调整放宽农村地区银行业金融机构准入政策更好支持社会主义新农村建设的若干意见》（银监发〔2006〕90号），标志着中国农村金融改革的序幕正式拉开。按照"先试点，后推开；先中西部，后内地；先努力解决服务空白问题，后解决竞争不充分问题"的原则和步骤，在总结经验的基础上，完善办法，稳步推开。首批试点选择在四川、青海、甘肃、内蒙古、吉林、湖北6省（区）的农村地区开展。2007年，中国银行业监督管理委员会又发布了《中国银监会关于扩大调整放宽农村地区银行业金融机构准入政策试点工作的通知》（银监发〔2007〕78号），调整放宽农村地区银行业金融机构准入政策试点范围，由内蒙古、吉林、湖北、四川、甘肃、青海6个省（区），扩大至全国31个省（区、市）的银行业金融机构网点覆盖率低、金融供给不足、竞争不充分的县（市）及县（市）以下地区。

上述"若干意见"指出："放开准入资本范围，积极支持和引导境内外银行资本、产业资本和民间资本到农村地区投资、收购、新设以下各类银行业金融机构：一是鼓励各类资本到农村地区新设主要为当地农户提供金融服务的村镇银行。二是农村地区的农民和农村小企业也可按照自愿原则，发起设立为入股社员服务、实行社员民主管理的社区性信用合作组织。三是鼓励境内商业银行和农村合作银行在农村地区设立专营贷款业务的全资子公司。四是支持各类资本参股、收购、重组现有农村地区银行业金融机构，也可将管理相对规范、业务量较大的信用代办站改造为银行业金融机构。五是支持专业经验丰富、经营业绩良好、内控管理能力强的商业银行和农村合作银行到农村地区设立分支机构，鼓励现有的农村合作金融机构在本机构所在地辖内的乡（镇）和行政村增设分支机构。"

"根据农村地区金融服务规模及业务复杂程度，合理确定新设银行业金融机构注册资本。一是在县（市）设立的村镇银行，其注册资本不得低于人民币300万元；在乡（镇）设立的村镇银行，其注册资本不得低于人民币100万元。二是在乡（镇）新设立的信用合作组织，其注册资本不得低于人民币30万元；在行政村新设立的信用合作组织，其注册资本不得低于人民币10万元。三是商业银行和农村合作银行设立的专营贷款业务的全资子公司，其注册资本不得低于人民币50万元。四是适当降低农村地区现有银行业金融机构通过合并、重组、改制方式设立银行业金融机构的注册资本，其中，农村合作银行的注册资本不得低于人民币1000万元，以县（市）为单位实施统一法人的机构，其注册资本不得低于人民币300万元。"

根据"若干意见"："上述新设银行业法人机构总部原则上设在农村地区，也可以设在大中城市，但其具备贷款服务功能的营业网点只能设在县（市）或县（市）以下的乡（镇）和行政村。农村地区各类银行业金融机构，尤其是新设立的机构，其金融服务必须能够覆盖机构所在地辖内的乡（镇）或行政村。"

"若干意见"为我国新型农村金融机构设立奠定了政策基础，对村镇银行、贷款公司和农村资金互助社的建立提供了明确具体的政策依据。

（二）我国新型农村金融机构政策创新的关键年

2007 年，中国银行业监督管理委员会先后制定和发布了六项新型农村金融机构的行政许可及监管细则，以规范村镇银行、贷款公司、农村资金互助社的设立与退出、组织机构、业务范围、公司治理及经营行为，并规范其组建审批的工作程序。

这"六项细则"是《村镇银行管理暂行规定》（银监发〔2007〕5 号）《村镇银行组建审批工作指引》（银监发〔2007〕8 号）《贷款公司管理暂行规定》（银监发〔2007〕6 号）《贷款公司组建审批工作指引》（银监发〔2007〕9 号）《农村资金互助社管理暂行规定》（银监发〔2007〕7 号）《农村资金互助社组建审批工作指引》（银监发〔2007〕10 号）。

《村镇银行管理暂行规定》共分八章六十一条，包括总则、设立、股权设置和股东资格、公司治理、经营管理、监督检查、机构变更与终止、附则等。村镇银行是指经中国银行业监督管理委员会依据有关法律、法规批准，由境内外金融机构、境内非金融机构企业法人、境内自然人出资，在农村地区设立的主要为当地农民、农业和农村经济发展提供金融服务的银行业金融机构。经银监分局或所在城市银监局批准，村镇银行可经营下列业务：①吸收公众存款；②发放短期、中期和长期贷款；③办理国内结算；④办理票据承兑与贴现；⑤从事同业拆借；⑥从事银行卡业务；⑦代理发行、代理兑付、承销政府债券；⑧代理收付款项及代理保险业务；⑨经银行业监督管理机构批准的其他业务。村镇银行按照国家有关规定，可代理政策性银行、商业银行和保险公司、证券公司等金融机构的业务。有条件的村镇银行要在农村地区设置 ATM，并根据农户、农村经济组织的信用状况向其发行银行卡。对部分地域面积大、居住人口少的村、镇，村镇银行可通过采取流动服务等形式提供服务。

《贷款公司管理暂行规定》共分六章四十七条，包括总则、机构设立、组织机构和经营管理、监督管理、机构的变更与终止、附则等。贷款公司是指经中国银行业监督管理委员会依据有关法律、法规批准，由境内商业银行或农村合作银行在农村地区设立的专门为县域农民、农业和农村经济发展提供贷款服务的非银行业金融机构。经银监分局或所在城市银监局批准，贷款公司可经营下列业务：①办理各项贷款；②办理票据贴现；③办理资产转让；④办理贷款项下的结算；⑤经中国银行业监督管理委员会批准的其他资产业务。贷款公司不得吸收公众存款，营运资金为实收资本和向投资人的借款。

《农村资金互助社暂行规定》分为总则、机构设立、社员、组织机构、经营管理、监督管理、合并分立和解散清算、附则八章，共计六十八条。农村资金互助社是指经银行业监督管理机构批准，由乡（镇）、行政村农民和农村小企业自愿入股组成，为社员提供存款、贷款、结算等业务的社区互助性银行业金融机构。农村资金互助社以吸收社员存款、接受社会捐赠资金和向其他银行业金融机构融入资金作为资金来源。农村资金互助社的资金应主要用于发放社员贷款，满足社员贷款需求后确有富余的可存放其他银行业金融机构，也可购买国债和金融债券。农村资金互助社可以办理结算业务，并按有关规定开办各类代理业务。农村资金互助社不得向非社员吸收存款、发放贷款及办理其他金融业务，不得以该社资产为其他单位或个人提供担保。

"六项细则"对三类新型农村金融机构的定位做出明确规定，其中，村镇银行和农村资金互助社为银行业金融机构，可以同时吸收存款和发放贷款，而贷款公司为非银行业金融机构，不得吸收公众存款。

三类机构中，村镇银行的业务范围最广，可以吸收公众存款，发放短期、中期和长期贷款，办理国内结算，办理票据承兑与贴现，从事同业拆借，从事银行卡业务，代理发行、代理兑付、承销政府债券，代理收付款项及代理保险业务。还可以代理政策性银行、商业银行和保险公司、证券公司等金融机构的业务。

（三）新型农村金融机构培育进入计划有序阶段

为了快速健康均衡地发展我国新型农村金融机构，2009 年，中国银监会又制定并发布了《新型农村金融机构 2009—2011 年总体工作安排有关事项的通知》（银监发〔2009〕72 号），决定实施新型农村金融机构"2009—2011 年总体工作安排"，以加强新型农村金融机构的培育和发展。

（四）新型农村金融机构培育政策力度加强

2010 年 4 月 22 日，中国银行业监督管理委员会又发布了《中国银监会关于加快发展新型农村金融机构有关事宜的通知》（银监发〔2010〕27 号），标志着我国新型农村金融机构发展进入快车道。《通知》从八个方面抓落实：一是强化执行力，确保完成三年规划，要求"一把手"总负责，强化银监局内部配合，加强银监局之间协作，优化审批流程，提高审批效率，为新型农村金融机构的发展创造良好条件和监管环境。二是因地制宜，允许三年规划适度调整，要求按照实事求是，有利于改善农村金融服务，有利于新型农村金融机构发展的原则，对于年度时间安排与调整、同一县（市）内变更规划地点、增加国家贫困县、粮棉大县、种植养殖大县及银行业金融机构网点空白乡镇规划地点等事项，银监局可自主决定并报银监会备案。三是坚持基本条件不变，合理把握挂钩政策。实施"东西挂钩、城乡挂钩、发达与欠发达挂钩"政策的主要目的在于引导主发起人到经济欠发达地区设立新型农村金融机构。四是加大推动大中型商业银行参与力度，要求大中型商业银行积极支持和配合其组建村镇银行。五是支持鼓励中小银行金融机构发起设立新型农村金融机构，中小银行业金融机构机制灵活，在服务小企业和"三农"方面具有优势，发起设立新型农村金融机构意愿强，各银监局要加强对中小银行业金融机构的指导，对符合条件、意愿强烈的，要积极支持其发起设立新型农村金融机构；对符合条件、意愿不强的，要加强引导。各银监局可将中小银行业金融机构设立分支机构与发起设立新型农村金融机构实施准入挂钩。严禁以各种方式和手段阻碍或变相阻碍符合条件、有发起意愿的中小银行业金融机构跨地区、跨省份发起设立新型农村金融机构。六是调整村镇银行有关政策。《通知》指出，为推动新型农村金融机构发展，在实施机构间的有效风险隔离、设立严密"防火墙"的基础上，允许资产管理公司发起设立村镇银行。为解决村镇银行资本额度小、贷款集中度比例偏低、不能有效满足中小企业信贷需求问题，将村镇银行对同一借款人的贷款余额由不得超过资本净额的 5% 调整为 10%，对单一集团企业客户的授信余额由不得超过资本净额的 10% 调整为 15%。七是探索新型农村金融机构管理模式。为提高主发起人发起设立新型农村金融机构积极性，鼓励支持主发起人通过新的管理模式规模化地推进机构组建。首先对设立 10 家（含 10 家）以上新型农村金融机构的主发起人，为减少管理成本，提高管理效率，允许其设立新型农村金融机构管理总部。八是加强对新型农村金融机构的监管，要求加强对新型农村金融机构的指导、服务和监管，尤其要强化对农村资金互助社的日常指导和监管，同时对主发起人要实施并表监管，对大股东要强化责任监管，促进新型农村金融机构又好又快发展。

实践表明，通过抓落实，新型农村金融机构数量增加有所加快，尤其是村镇银行发展速度最快，成为三类新型农村金融机构中的佼佼者，可以说是"一枝独秀"。

三、农民专业合作社开展信用合作的制度与政策创新

根据调查，依托专业合作社成立的资金互助部，占机构总数量的 51%，自发成立的农民资金互助社占 25%，由银监会批准成立的不足 1%。从可贷资金规模角度来看，资金互助部占总量的 53%，自发成立的占 43.69% 左右。然而，目前农民专业合作社内部的信用合作，资金互助还处于政策的边缘。作为一种内生型合作金融，是在专业合作社基础上，合作社社员内部之间的资金互

助。专业合作社内部资金互助已为解决"三农"融资难发挥着重要作用。虽然专业合作社内资金互助业务不同于新型农村金融机构，但其发挥的作用不亚于新型农村金融机构。所以，农民专业合作社内部信用合作将是解决广大农村农民融资难的最佳融资途径。由此可见，农民专业合作社开展信用合作的制度政策创新不可或缺。

（一）国家层面的制度创新

《中华人民共和国农民专业合作社法》（中华人民共和国主席令第五十七号）于2006年10月31日，由中华人民共和国第十届全国人民代表大会常务委员会第二十四次会议通过，自2007年7月1日起施行。《农民专业合作社法》对我国农村经济转型、农民增收、农业发展具有划时代的意义。农民专业合作已经成为新型农村经济组织的重要形式。为了解决农民专业合作社内部融资问题，党中央国务院高度重视，"中央一号文件"为农民专业合作社内部开展信用合作提供了制度保障。

2008年"中央一号文件"首次提出"允许有条件的农民专业合作社开展信用合作。"2009年的"中央一号文件"要求抓紧制定"农民专业合作社开展信用合作试点的具体办法。"2012年的"中央一号文件"又提出："引导农民专业合作社规范开展信用合作。"这说明农民专业合作社开展信用合作有了制度保障。

（二）相关部委层面的政策创新

为了贯彻落实"中央一号文件"关于农民专业合作社开展信用合作的指示精神，2009年2月5日，中国银行业监督管理委员会和农业部联合发布了《关于做好农民专业合作社金融服务工作的意见》（银监发〔2009〕13号）。《意见》共八条：

第一条，"进一步提高对做好农民专业合作社金融服务工作的认识"，要求各级银行业监管部门、农业部门和农村合作金融机构要进一步提高对支持农民专业合作社发展重要性的认识，切实增强责任感和使命感，发挥工作主动性和创造性，积极采取多方面有效措施，加强和改进对农民专业合作社的金融服务工作。

第二条，"把农民专业合作社全部纳入农村信用评定范围"，要求各农村合作金融机构要按照"先评级—后授信—再用信"的程序，把农民专业合作社全部纳入信用评定范围。

第三条，"加大对农民专业合作社的信贷支持力度"，要求农村合作金融机构要积极借助农民专业合作社联系千家万户，成员从事同类生产经营活动，彼此情况相对熟悉的优势，探索实施信贷管理批量化操作的有效形式，促进农户贷款管理模式实现从"零售型"向"批发型"转变。对符合相关条件的农民专业合作社，鼓励把对农民专业合作社法人授信与对合作社成员单体授信结合起来，建立农业贷款绿色通道，采取"宜户则户、宜社则社"的办法，提供信贷优惠和服务便利。将农户信用贷款和联保贷款机制引入农民专业合作社信贷领域，积极满足农民专业合作社小额贷款需求。对资金需求量较大的，可运用政府风险金担保、农业产业化龙头企业担保等抵押担保方式给予资金支持。

第四条，"创新适合农民专业合作社需要的金融产品"，要求支持和鼓励农村合作金融机构结合实际，大力推进金融产品创新，积极满足农民专业合作社金融服务需求。

第五条，"改进对农民专业合作社的金融服务方式"，要求加快综合业务网络系统建设，鼓励在农民专业合作社发展比较充分的地区就近设置 ATM、POS 机等金融服务机具，稳步推广贷记卡业务，探索发展手机银行业务，提高服务便利度。要针对农产品生产和销售季节性强、贷款需求急的特点，适当前移贷前调查环节，简化贷款审批流程，提高审贷效率，动态了解和掌握农民专业合作社的生产经营情况。对农民专业合作社及成员提出的贷款申请，要确保在最短时间内完成贷款受理、调查和审查工作，确保符合条件的贷款需求在最短时间内得到满足。对于符合条件的农民专业合作社，可根据其生产经营规模、成员户数以及整体偿债能力等，对农民专业合作社及其成员进行综合授信，实现"集中授信、随用随贷、柜台办理、余额控制"。对于农民专业合作社以独立法人名义申请贷款的，可由其成员提供联保。对农民专业合作社成员个人申请贷款的，可采取合作社内封闭联保或由合作社提供信用担保方式。对于获得县级以上"农民专业合作社示范社"称号或受到地方政府奖励的农民专业合作社，推行金融超市"一站式"服务和农贷信贷员包社服务，在授信方式、支持额度、服务价格、办理时限等方面给予适当优惠。

第六条，"鼓励有条件的农民专业合作社发展信用合作"。优先选择在农民专业合作社的基础上开展组建农村资金互助社的试点工作，并纳入银监会新型农村金融机构试点工作范围内统一推进。在农民专业合作社的基础上组建农村资金互助社，要按有关规定履行市场准入审批手续，组建的农村资金互助社要接受银行业监管机构的监管，依法合规审慎开展经营活动，真正办成社员自愿入股、民主管理、以服务社员为宗旨、谋求社员最大利益的合作性金融组织。允许符合条件的农村资金互助社按商业原则从银行业金融机构融入资金。

支持农民专业合作社采取共同持股基金或持股会等形式，集合和保护成员投资入股农村合作金融机构的股东（社员）权利。鼓励发展具有担保功能的农民专业合作社，运用联保、担保基金和风险保证金等联合增信方式，为成员贷款提供担保，借以发展满足农民专业合作社成员金融需求的联合信用贷款。鼓励农民专业合作社围绕农业产业化经营和延伸产业链条，借助担保公司、农业产业化龙头企业等相关农村市场主体作用，扩大成员融资的担保范围和融资渠道，提高融资效率。

第七条，"加强对农民专业合作社金融服务的风险控制"，要求农村合作金融机构要结合实际，尽快制定农民专业合作社贷款等金融服务管理办法，明确支持重点，规范业务操作规程。要抓紧建立健全科学的激励约束机制，加强对农民专业合作社贷款风险的全程跟踪与管理，严格按照规定做好贷款"三查"工作。

第八条，"强化对农民专业合作社金融服务工作的组织指导和政策激励"，要求各级银行业监管部门和各级农村经营管理部门要建立必要的工作联系机制，加强信息沟通，密切业务协作，共同组织做好农民专业合作社的金融服务工作。各级农村经营管理部门要加强对农民专业合作社的管理，加快推进农民专业合作社规范化建设，帮助农民专业合作社建立健全章程和各项内部管理制度，加强对农民专业合作社财务会计工作的指导和监督，建立成员账户，实行财务公开，推动民主管理；要抓紧建立和完善农民专业合作社信息库，密切加强与当地农村合作金融机构的协作和配合，及时提供有关信息资料，为农村合作金融机构向农民专业合作社提供金融服务创造基础条件；要发挥熟悉农民专业合作社的优势，主动配合农村合作金融机构的信贷服务工作，为其授信和用信当好参谋，协助做好贷前调查、贷款发放和回收工作；积极鼓励地方政府出资建立农民专业合作社贷款担保基金或风险补偿基金，并对农民专业合作社金融服务成效明显的农村合作金融机构给予资金奖励、税收减免等多种形式的支持政策，引导实现对农民专业合作社信贷投放的持续增加和金融服务的持续改善。各级银行业监管部门要会同农业部门加强对农民专业合作社金融服务的后续评估，密切跟踪有关金融产品和服务方式创新进展，切实加强政策指导，支持推广有益经验，持续放大创新成效，在更大范围和更高层次上提高对农民专业合作社的金融服务水平。

（三）地方层面的政策创新

为了贯彻落实党中央国务院关于农民专业合作社开展信用合作的指示精神，规范和引导农民专业合作社开展信用合作，2010年以来，许多地方政府出台了相关的管理办法。

江苏省连云港市委农村工作办公室根据《中华人民共和国农民专业合作社法》《江苏省农民专业合作社条例》等有关法律、法规规定及相关文件要求，参照中国人民银行《贷款通则》、银监会《农村资金互助社管理暂行规定》，结合农村实际制定了《连云港市农民资金互助专业合作社监督管理办法（试行）》。《办法》明确"农民资金互助社为非农村金融机构，不同于农村资金互助社，是由农村经营管理部门审核，工商行政管理部门登记，由所住乡镇（街道、场，以下统称乡镇）范围农民为主自愿入股组成，为本社成员提供资金互助服务的农民合作经济组织。各级农村经营管理部门（指市委农工办，县委农工办、部，区农水局、社会事业局，乡镇农经机构，下同）为农民资金互助社的业务主管部门。农民资金互助社的监督部门由各县区人民政府明确。"

2010 年 5 月 27 日，江苏省盐城市委农村工作办公室根据《农民专业合作社法》、盐办〔2007〕41 号文件等有关法律、法规和文件规定，参照《农民资金互助社管理暂行规定》，制定了《江苏省盐城市农民资金互助合作社试点监督管理办法（试行）》。北京市通州区根据《中华人民共和国农业法》《中华人民共和国农民专业合作社法》和党的十七届三中全会《中共中央关于推进农村改革发展若干重大问题的决定》文件精神，结合通州区实际，制定了《通州区农民专业合作社资金互助管理办法（试行）》。通州区农民专业合作社资金互助（以下简称"合作社资金互助"）是指经农民专业合作社全体社员大会决议通过，由农民专业合作社内全体或部分社员自愿入资组成，在出资社员内提供互助金借款业务的农民专业合作社内互助性资金服务行为。

2012 年 4 月 27 日，临沂市农民专业合作社资金互助联盟为加强临沂市供销合作社系统内农民专业合作社信用合作资金互助的监督管理，保证互助资金的安全，根据《中华人民共和国农民专业合作社法》等法律法规，结合临沂市供销合作社系统实际，特制定了《临沂市供销合作社合作经济组织信用合作资金互助监督管理办法（试行）》。临沂市供销合作社系统内农民专业合作社（供销社参股或控股）信用合作资金互助（以下简称"资金互助"）是指由农民专业合作社内全体或部分社员自愿入股，在入社社员内部提供资金互助服务的行为。

作为发展新型农村金融机构的配套措施，地方政府出台的有关政策措施不可或缺，这直接关系到国家层面有关培育发展新型农村金融机构制度及政策的落实程度。例如 2013 年 1 月，山东财政出台十项政策力促金融业发展。主要

41

包括：对新设立金融机构给予奖励，从 2011 年起，省财政设立新设金融机构奖励资金，对国内外金融机构来鲁新设立区域总部和分支机构给予一次性奖励补助；同时，对新设立的新型农村金融机构及新增营业网点，给予 10 万元到 30 万元开办费补助；对县域金融机构涉农贷款增量给予奖励，从 2010 年起，启动县域金融机构涉农贷款增量奖励试点工作，对县域金融机构当年涉农贷款平均余额增长超过 15% 的部分，按 2% 的比例给予奖励；对农村金融机构给予定向费用补贴，从 2009 年起，省财政在全省开展了新型农村金融机构定向费用补贴工作，对符合条件的新型农村金融机构按照上年度贷款平均余额的 2% 给予费用补贴，支持新型农村金融机构（村镇银行、贷款公司和农村资金互助社）的设立和发展。

2009 年 6 月 1 日，中共南京市委农村工作办公室、南京市人民政府农村经济办公室联合制定了《南京市农民资金专业合作社试点监督管理办法（试行）》和《南京市农民资金专业合作社示范章程（试行）》（宁委农〔2009〕46 号），旨在为加强农民资金专业合作社的监督管理，规范其组织和行为，保障农民资金专业合作社依法、稳健运行。农民资金专业合作社是指以一定区域范围内农民为主体，以吸收社员股金、互助金等为资金来源，主要用于投放社员生产生活所需资金的"民办、民管、民收益、民担风险"互助性资金专业服务组织。农民资金专业合作社经营发展应遵循"依托'三农'、限制区域、吸股不吸储、分红不分息、对内不对外"的总体要求。

2010 年 8 月 12 日，辽宁省农委、辽宁银监局制定了《辽宁省引导农民专业合作社开展资金互助业务试点方案》，联合开展引导农民专业合作社资金互助业务，进一步推动辽宁省农民专业合作社提高服务能力、壮大经济实力。

该办法允许发展前景好、经济基础牢、社员组织紧、经营管理优的农民专业合作社开展资金互助业务。经全体社员大会讨论，在社员内部以入股的方式筹集资金，用于扶持社员发展农业生产。筹集资金使用的方向：一是扶持农民社员建设必要的农业生产设施。二是扶持农民社员购买农产品种源或种子。三是扶持农民专业合作社新品种的引进。四是扶持农民专业合作社为提高社员服务水平引进的生产设备或设施。五是解决农民社员农产品销售所需的流动资金。

该办法扶持农民专业合作社之间开展简单的资金互助行为。已开展资金互助业务的农民专业合作社，在社员进行农业生产过程中发生资金困难，而合作社自身短期内又无力解决，允许向其他开展资金互助业务的农民专业合作社拆借资金，所拆借的资金应在县、乡农经管理部门监督下使用。

该办法扶持具备条件的农民专业合作社成立农村资金互助社。县级政府可根据当地农民专业合作社的发展情况，在一定区域范围内选择一批具备开展资金互助业务的农民专业合作社示范社申报设立农村资金互助社，或寻求由示范社共同发起，成立农村资金互助社联合，并依法取得法人执照。农村资金互助社筹集的资金只能在互助社的内部成员单位使用，严禁资金外流，互助社筹集的资金不得用于管理费等非生产性支出。

四、支持新型农村金融机构培育发展的财政政策

2009 年 4 月 22 日，《财政部关于〈中央财政新型农村金融机构定向费用补贴资金管理暂行办法〉的通知》（财金〔2009〕31 号）是支持新型金融机构发展的一个重要政策。为了支持新型农村金融机构持续发展，促进农村金融服务体系建设，对新型农村金融机构定向费用补贴，是指财政部对符合规定条件的新型农村金融机构，按上年贷款平均余额给予一定比例的财政补贴。"财政部对上年贷款平均余额同比增长，且达到银监会监管指标要求的贷款公司和农村资金互助社，上年贷款平均余额同比增长、上年末存贷比高于 50% 且达到银监会监管指标要求的村镇银行，按其上年贷款平均余额的 2% 给予补贴。"

2010 年 9 月 25 日，《财政部关于印发〈财政县域金融机构涉农贷款增量奖励资金管理办法〉的通知》（财金〔2010〕116 号），对县域金融机构涉农贷款增量奖励，即财政部门对年度涉农贷款平均余额增长幅度超过一定比例，且贷款质量符合规定条件的县域金融机构，对余额超增的部分给予一定比例的奖励。根据规定，"涉农贷款，是指《中国人民银行中国银行业监督管理委员会关于建立〈涉农贷款专项统计制度〉的通知》（银发〔2007〕246 号）中'涉农贷款汇总情况统计表'（银统 379 表）中的'农户农林牧渔业贷款''农户消费和其他生产经营贷款''农村企业及各类组织农林牧渔业贷款'和'农村企业及各类组织支农贷款'4 类贷款。财政部门对县域金融机构当年涉农贷款平均余额同比增长超过 15% 的部分，按 2% 的比例给予奖励。对年末不良贷款率高于 3% 且同比上升的县域金融机构，不予奖励。"

五、我国新型农村金融机构制度与政策创新之特点

（一）制度架构顶层设计定位准确目标清晰

2004 年的"中央一号文件"就明确要求："按照有利于增加农户和企业贷款，有利于改善农村金融服务的要求，加快改革和创新农村金融体制。建立金融机构对农村社区服务的机制，明确县域内各金融机构为'三农'服务的义

务。"可见，农村金融的目标非常明确，尤其是新型农村金融机构的建立必须有利于增加对农户和农村企业贷款，改善农村金融服务。

2007年的"中央一号文件"要求："加快制定农村金融整体改革方案，努力形成商业金融、合作金融、政策性金融和小额贷款组织互为补充、功能齐备的农村金融体系，探索建立多种形式的担保机制，引导金融机构增加对'三农'的信贷投放"。2008年的"中央一号文件"又提出："创新农村金融体制，放宽农村金融准入政策，加快建立商业性金融、合作性金融、政策性金融相结合，资本充足、功能健全、服务完善、运行安全的农村金融体系"。连续两年的"中央一号文件"都强调农村金融服务体系应该是商业性金融、合作性金融、政策性金融互为补充的、三位一体的立体式服务模式。这绝不是简单的重复，这恰恰表明新型农村金融机构发展的定位是补充作用，弥补大金融无法与"三农"对接的金融服务。

（二）农村包围城市是新型农村金融机构发展制度的顶层设计路径

从我国新型农村金融机构制度顶层设计来看，是农村包围城市，而不是城市包围农村。历年来的"中央一号文件"关于农村金融改革的主要精神：一是要求金融机构回归农村，涉及大型国有及商业金融到农村设立服务网点；二是要求资金回流农村，尤其是农业银行、邮储银行；三是增加农村金融服务，包括机构设立、产品创新、网点覆盖。而对新型金融机构而言，就是要扎根农村基层，金融机构和服务延伸到村屯，走农村包围城市的道路。

就村镇银行而言，既然是村镇银行就应该严格执行限制其设立空间范围，其空间发展范围绝不应超过县级城镇，应该向乡镇村屯延伸。然而，事实上情况并非如此，村镇银行在大中城市遍地开花，而需要金融服务的偏远农村城镇却找不到它的影子。农村资金互助社理应在广大农村村村遍地开花，然而却寥若星辰。贷款公司就是对农村放款的一个窗口，其设立也不应该超过县级以上城镇范围。

（三）对新型农村金融机构的开放度、准入条件和容忍度前所未有

"中央一号文件"多次强调允许社会资本和外资进入农村金融市场，参与设立新型农村金融机构。比如，2004年的"中央一号文件"就提出通过吸引社会资本和外资进入农村金融体系。2006年的"中央一号文件"指出：鼓励在县域内设立多种所有制的社区金融机构，允许私有资本、外资等参股。2012年的"中央一号文件"要求：发展多元化农村金融机构，鼓励民间资本进入农村金融服务领域，支持商业银行到中西部地区县域设立村镇银行。完善符合农村银行业金融机构和业务特点的差别化监管政策，适当提高涉农贷款风险容

忍度，实行适度宽松的市场准入。中国银行业监督管理委员会《关于调整放宽农村地区银行业金融机构准入政策更好支持社会主义新农村建设的若干意见》也放开准入资本范围，积极支持和引导境内外银行资本、产业资本和民间资本到农村地区投资、收购、新设各类银行业金融机构。

可见，关于新型农村金融机构的培育发展，从"中央一号文件"到各部委的制度创新和政策创新都是前所未有的，但是也存在缺失。

六、新型农村金融机构制度与政策创新的缺失

（一）空间范围上划地为牢的地缘限制

"中央一号文件"给新型农村金融机构创新提供了制度总框架，关键在于中间环节落实政策的创新。中国银监会等相关部门在制定相关落实政策的过程中，对新型农村金融机构内涵的理解和界定方面有失偏颇，而且对现有的三类新型农村金融机构设立及其经营活动实行了严格的空间限制，尤其是对农村资金互助社划地为牢的限制是非常不利于其发展的。有些地方为限制农村资金互助社发展，出现了对相关条文过度阐释的现象。如山东某家农村资金互助社在通过银监会审批后，当地监管部门却对其规定，资金只能在 32 名发起人之间融通。

（二）新型农村金融机构的内涵界定过于狭隘

中国银行业监督管理委员会关于新型农村金融机构的内涵界定不够宽泛，也没有从制度上和政策上给予解释，这就导致新型农村金融机构的组织形式十分有限，仅仅局限于三种形式：村镇银行、农村资金互助社和贷款公司。这与"中央一号文件"要求的组织形式多样的、功能完备的与"三农"对接的多样化的新型农村金融机构相去甚远。

（三）农民专业合作社开展信用合成为灰色地带

"中央一号文件"多次强调允许农民专业合作社开展信用合作、资金互助业务，中国银行业监督管理委员会和农业部联合下发了有关农民专业合作社开展信用合作的规定。如"优先选择在农民专业合作社基础上开展组建农村资金互助社的试点工作，并纳入银监会新型农村金融机构试点工作范围内统一推进。在农民专业合作社基础上组建农村资金互助社，要按有关规定履行市场准入审批手续，组建的农村资金互助社要接受银行业监管机构的监管，依法合规审慎开展经营活动，真正办成社员自愿入股、民主管理、以服务社员为宗旨、谋求社员最大利益的合作性金融组织。允许符合条件的农村资金互助社按商业原则从银行业金融机构融入资金。"然而，事实上全国 60 万家农民专业合作社

内部开展资金互助的总数仅有2万家，绝大多数并没有得到银监会合法的经营手续，也无法从正规金融机构融入资金。

（四）相关部门的自信心不强，制度与政策创新过于保守

目前在全国范围内的农民资金互助社，总数亦已超过5000家。绝大多数没有纳入银监会的监管之中，但这些农民自发组织起来，用各种形式互助，为广大农村的家庭和企业提供了更多、更方便的服务。鉴于此，监管部门不应该以无力监管为理由而拒绝大力发展各种形式的资金互助组织，总担心放开会乱。这是一种不愿意承担责任和自信心不强的表现。应该充分相信广大农民群众，相信他们能够自律自强，能够办好自己的事情。新型农村金融机构的制度与政策创新必须大胆而有的放矢，不能因噎废食。

（五）存在即合理，只要有利于破解农村金融难问题，就应鼓励

目前，全国名称各异、形式多样的资金互助社发展迅猛，有的是在专业合作社下开展的信用合作，有的是以资金专业合作社的形式开展资金互助。这些都与中央对农民合作组织合法化的一些具体规定有关。"中央一号文件"明确提出允许有条件的农民专业合作社开展信用合作，引导农民发展资金互助组织。2007年颁布实施的《农民专业合作社法》对专业合作社将资金作为一种要素进行合作，并没有规定违反相关法律。况且，"中央一号文件"没有就发展何种类型的资金互助组织进行具体规定。因此，只要有利于积蓄资金资源，促进农村经济发展，就应该在政策制度上给予合理的解释和支持。

（六）监管制度不完善、不统一、不协调

目前中国主要的互助式金融组织，包括以下种类：农村资金互助社、农民资金专业合作社以及农民专业合作社内部建立的资金互助部。据不完全统计，目前各地对各类农民资金互助社的主管单位和注册模式，可分为四类：①山东临沂方式，供销社为主管单位，民政部门注册；②河南信阳方式，金融办为主管单位，民政部门注册；③宁夏银川方式，金融办为主管单位，工商部门注册；④江苏盐城方式，农工部为主管单位，民政部门注册。

根据中国银监会金融法规，成立金融机构须经过金融监管部门的认可，但合作社往往又归地方农工部门管理，导致农村各类资金互助社拥有多个"婆婆"：农业局、工商局、财政局、质监局、税务局、农工部、金融办等。

正因为如此，"农村资金互助社"与"农民资金互助社"、"农民资金专业合作社"之间，虽一字或数字之差，对应的监管模式却是千差万别：前者在银监会的过分谨慎的监管态度下难以得到发展，后两者则因地方政府缺乏积极性及多头管理等原因，几乎得不到任何有效监管，成为风险之源。

按银监会职责分工，地方银监分局为农村中小金融机构的属地监管机构，但地方银监分局只覆盖到地市级，而绝大多数农村中小金融机构都设在县市以及乡镇和行政村，这些地方只设有监管办事处。

制度与政策创新衔接的滞后性主要表现在以下几方面：一是，各部委与党中央国务院之间衔接的滞后性。2004 年和 2005 年的"中央一号文件"提出了建立多种所有制的金融组织，并要求尽快启动试点工作，探索建立更加贴近农民和农村需要、由自然人或企业发起的小额信贷组织。而中国银监会两年后（2006 年）才制定出台了《关于调整放宽农村地区银行业金融机构准入政策更好支持社会主义新农村建设的若干意见》，启动农村金融机构试点工作。一年后，即 2007 年中国银监会出台了《六项细则》，新型农村金融机构创新工作才全面推开。二是，横向滞后性，即各级地方主管部门配套措施的滞后性。如前所述，到目前为止，只有少数地方政府制定了相关的配套措施，促进新型农村金融机构的培育发展，而大部分省市地方政府还没有出台有关的配套措施。三是，纵向滞后性，即银监会及其监管的商业银行行业内落实政策滞后性。如前所述，尽管中国银行业监督管理委员会制定了"2009—2011 年新型农村金融机构发展计划"，但各地基层并没有按照计划完成目标。为此，2010 年 4 月 22 日，中国银行业监督管理委员会又发布了《中国银监会关于加快发展新型农村金融机构有关事宜的通知》采取八项措施，强抓落实，如"强化执行力，确保完成三年规划，要求'一把手'总负责，强化银监局内部配合，加强银监局之间协作，优化审批流程，提高审批效率，为新型农村金融机构的发展创造良好条件和监管环境。"在此督促下，我国新型农村金融机构的培育发展才得以向前推进。四是，财税支持政策的滞后性。2007 年具有正规合法手续的新型农村金融机构已经出现，而财政部门于 2009 年才制定出台了《中央财政新型农村金融机构定向费用补贴资金管理暂行办法》，较前者出现滞后两年。

七、农村金融制度变迁的原因分析

任何一项制度变迁都有其特定的原因和动力。回顾我国农村金融制度变迁的历程，可将其原因归纳为内在动力和外在推力。

内在动力主要是农村经济发展的内在融资需求。农村经济发展离不开金融的支持。农村金融需求主体主要分为农户、农村集体经济组织和企业。各类农户和企业，其融资需求形式和要求也不一样。贫困农户和普通农户的金融需求主要是生活开支、小规模种养业生产的贷款需求等；经营型农户的金融需求主要是扩大生产经营规模化的贷款需求；农村中小企业的金融需求主要是启动市场、扩大生产以及专业化、规模化生产等方面的贷款需求。所以，为满足农村各类主体的融资需求，新中国成立后，党和政府在打击、取缔旧有不合理制度的同时，一直致力于建立和完善适合农村特点的金融制度，不断推动农村金融制度创新和体制调整。

外在推力主要是国家发展战略和经济体制调整和变革对农村金融制度的影响。一是发展战略的调整对农村金融制度发展产生较大影响。新中国的现代化建设进程与乡村动员密切相关，只有将乡村发展纳入国家体制中并实现全社会的有机整合才能获得现代化建设所需的经济和政治资源。因此，在新中国成立之初，包括农村金融制度在内的一系列农村经济制度的建立和实施都要服务于国家重工业优先发展的总体战略。改革开放后特别是进入新世纪以来，随着党和政府对"三农"问题的重视，农村金融制度改革开始向工业反哺农业、城市支持农村的方向发展。二是经济体制转型推动了农村金融制度的健康发展。农村金融制度服从于经济体制，经济体制决定农村金融制度的变迁，经济体制改革的方向和进程决定农村金融制度变迁的方向和进程。计划经济体制下，农村合作金融制度逐步由"民办"转化为"官办"，其组织和功能结构较为单一，竞争机制缺失、效率低下。改革开放后，随着计划经济体制向市场经济体制的转轨，在政府的推动下，农村金融制度沿着经济发展的目标，逐步剥离政策性业务并实现上市；农村信用社也开始恢复合作金融性质，向商业化方向迈进；其他一些适合农村经济发展的新型农村金融机构不断壮大。

第三章 新型农村金融机构的发展现状

第一节 村镇银行"一枝独大"

根据银监会的有关规定，我国新型农村金融机构主要指村镇银行、农村资金互助社和贷款公司。根据《新型农村金融机构2009—2011年总体工作安排》三年计划，发展了新型农村金融机构1294家，其中，村镇银行1027家、贷款公司106家、农村资金互助社161家。实际上除了村镇银行发展较快以外，农村资金互助社和贷款公司发展皆不尽如人意。据权威部门统计，截至2013年末，全国已组建村镇银行、贷款公司和农村资金互助社三类新型农村金融机构1134家，其中村镇银行1071家，占94.44%，14家贷款公司和49家农村资金互助社分别占1.24%和4.32%。可见，新型农村金融机构的发展尚未达到三年计划完成的目标，新型农村金融机构之间发展不均衡日益凸显。并且，新型农村金融机构发展过程中，又出现了许多问题，如数量有限、难负其重、服务"三农"力度不足等，特别是农村资金互助社要么处于冬眠状态，要么处于半饥饿状态，少数资金供求平衡作用有限，负面消息不断，被称为"盆景金融"。

一、我国村镇银行发展呈现以下特征

（一）村镇银行占绝对地位，"一枝独大"

2007年2月8日，中国首家村镇银行——四川仪陇惠民村镇银行有限责任公司获南充银监分局批准开业，此后，一类崭新的农村银行业金融机构在我国开始涌现。2007年3月9日，国内首家农村资金互助社——吉林省梨树县闫家村百信资金互助社成立。2005年12月27日，全国首家贷款公司——山西省平遥县日升隆小额贷款有限公司成立。截至2013年底，经银监部门批准设立的村镇银行数量达到1071家，所占比例高达94.44%，而其他两类新型农村

金融机构所占比例仅为 5.56%。这表明新型农村金融机构的结构极不合理，村镇银行的发展数量和比例超过了计划目标，其他两类新型农村金融机构并没有完成计划目标，尤其是农村资金互助社发展十分缓慢。截至 2014 年末，全国村镇银行、农村资金互助社和贷款公司数量分别达 1153 家、49 家和 14 家，如图 3.1 和图 3.2 所示。

年份	村镇银行	贷款公司	资金互助社
2007	21	5	10
2008	89	6	10
2009	148	8	16
2010	349	9	37
2011	726	10	50
2012	799	11	51
2013	1071	14	50
2014	1153	14	49

图 3.1　新型农村金融机构数量

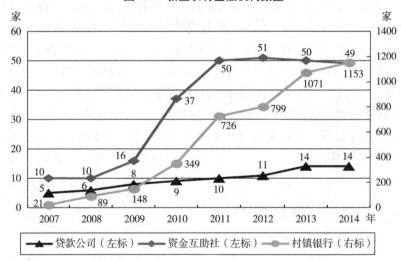

数据来源：Wind 资讯整理。

图 3.2　新型农村金融机构历年发展数量点状图

（二）空间分布不均衡，城乡之间数量差距悬殊

目前，村镇银行虽已遍地开花，但是，从布局来看，村镇银行仍然呈现集中部分区域的态势。数据显示，1071 家村镇银行分布在 200 多个（地级）市中，在一些（地级）市中仅分布1～2家，但在另外一些（地级）市、县城中则分布着许多家村镇银行。

目前，四川省村镇银行数量位居全国首位，达到115家，河南省和浙江省（剔除计划单列市之宁波数据）位居其后，分别为112家和98家。除上述四个省份外，全国村镇银行数量较多的省份有辽宁省（剔除计划单列市之大连数据），共计批准设立90家村镇银行，广西壮族自治区83家、山东省（剔除计划单列市之青岛数据）共计80家、内蒙古自治区有75家、安徽和江西分别为69家和62家，如图3.3和图3.4所示。

单位：%

	东部	中部	西部	东北
村镇银行	33.5	28.9	25.7	12.0
贷款公司	46.2	15.4	30.8	7.7
农村资金互助社	28.6	20.4	30.6	20.4
小额贷款公司	29.9	19.9	35.6	14.6

数据来源：2014年中国人民银行《中国区域金融运行报告》。

图3.3　2014年末新型农村金融机构地区分布

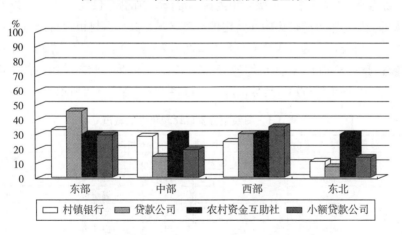

图3.4　2014年末新型农村金融机构地区柱状图

上述十个省份的村镇银行数量占全国36个省/市/计划单列市村镇银行数量的58.59%。其中，辽宁省和浙江省分布最多，青海省分布最少，西藏自治区内村镇银行仍为空白，如图3.5所示。同时，东部区域和西部区域村镇银行数量接近，但如果仔细分析其布局情况，不难发现一些村镇银行的分布与当初银监会设定的布局区域并不相符，一些村镇银行正游离在农村之外快速发展。

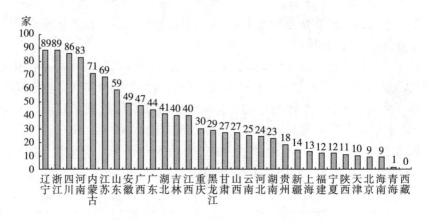

数据来源：Wind 资讯整理。

图 3.5　全国村镇银行分布情况

（三）村镇银行集中于大中城市，远离乡村

从全国村镇银行二级行政区划统计情况来看，截至 2013 年末，1071 家村镇银行分布在 265 个地级行政区中，其中，66 个（地级）市辖内仅有 1 家村镇银行，43 个（地级）市辖内有 2 家村镇银行网点、43 个（地级）市辖内有 3 家村镇银行网点，综合来看，209 个（地级）市内村镇银行网点的网点数量在 5 家及以下。

大部分村镇银行还是集中在特定的一些区域。其中，村镇银行网点数量最多的前十个（地级）市为：成都市、大连市均为 20 家；桂林市、南阳市、宁波市均为 18 家；鄂尔多斯市、赣州市均为 15 家；松原市 14 家，哈尔滨市、信阳市均为 13 家。此十个城市的村镇银行数量占全国的 14.9%，如表 3.1 所示。

表 3.1　村镇银行发展比较集中的城市

村镇银行前二十（地级）市分布情况					
序号	市区	数量	序号	市区	数量
1	成都市	20	11	台州市	11
2	大连市	20	12	温州市	11
3	桂林市	18	13	郑州市	11
4	南阳市	18	14	内江市	10
5	宁波市	18	15	铁岭市	10
6	鄂尔多斯市	15	16	宿迁市	10
7	赣州市	15	17	阿拉善盟	9
8	松原市	14	18	丽水市	9
9	哈尔滨市	13	19	庆阳市	9
10	信阳市	13	20	深圳市	9

数据来源：Wind 资讯整理。

（四）村镇银行发展迅速，贷款公司和农村资金互助社发展滞后

统计数据显示，自 2006 年底中国银监会调整放宽农村地区银行业金融机构准入政策以来，村镇银行经历了 2007 年至 2009 年三年的缓慢发展阶段，从 2010 年开始村镇银行踏上相对明显的扩张道路。其中，2007 年银监会派出机构批准设立的村镇银行为 18 家，2008 年批准设立的村镇银行为 68 家，2009 年为 59 家，2010 年为 201 家，2011 年这个数字达到 377 家，2012 年为 76 家，2013 年经批准设立的村镇银行达到了 272 家。

截至 2014 年底，全国已经组建村镇银行 1233 家，其中批准开业 1152 家。各项贷款余额 4862 亿元，比上年增长 1234 亿元，各项存款余额 5808 亿元，比上年增长 1176 亿元；资产总额 7973 亿元，比上年增长 1685 亿元。

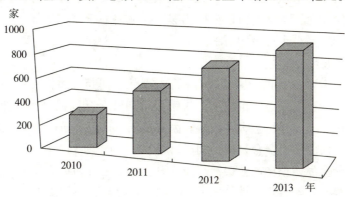

数据来源：Wind 资讯整理。

图 3.6　2010—2013 年村镇银行数量

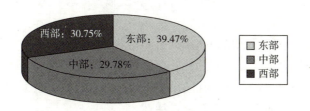

数据来源：Wind 资讯整理。

图 3.7　村镇银行地区分布

二、村镇银行的比较优势

为什么会出现几类新型农村金融机构发展不平衡的状况呢？相比于贷款公司和资金互助社，村镇银行的比较优势主要表现在以下几个方面。

53

（一）制度设计优越

1. 村镇银行的投资主体范围广泛

村镇银行的出资主体包括境内外的金融机构、境内的非金融机构以及自然人，而贷款公司仅由境内商业银行或农村合作银行全部出资，导致最开始许多银行并不看好贷款公司，资金互助社则是由当地村民以及农村小企业自愿入股。相比较而言，村镇银行的投资主体更加广泛，使得村镇银行拥有充裕的资金来源。

2. 村镇银行的注册资本金最高

在新型农村金融机构中，村镇银行的注册资本金要求最高，《村镇银行管理暂行规定》中明确在县（乡）级设立的村镇银行注册资本金不低于300（100）万元，贷款公司和资金互助社的最低注册资本金分别为50万元和30万元。较高的注册资本金使村镇银行能够更好地服务于"三农"，有效地满足农村经济中的中高端客户金融需求。

（二）业务经营灵活

1. 存、贷相结合的业务模式有利于村镇银行可持续经营

在三类新型农村金融机构中，村镇银行和资金互助社是银行业金融机构，贷款公司则属于非银行业金融机构。因此贷款公司只能通过出资人的实收资本和投资人的借款获得资金来源，相反，村镇银行能够吸收公众存款，其资金来源得到充分保障，很多商业银行在面临设立村镇银行和贷款公司之间也更加青睐于村镇银行。资金互助社虽然可以吸收社员存款，但社员更多是为了获得资金互助社的贷款权利，这样在资金需求旺盛和有限存款来源冲突中，资金互助社的发展就受到一定抑制。

2. 村镇银行拥有更为完善的经营配套设施，能够积极为当地客户量身定做金融服务

村镇银行一般通过优惠利率来吸引和培养客户资源，针对不同的客户对象采取差别的信贷政策，资金互助社的存贷业务具有季节性特征，农忙时农户资金需求扎堆。同时，资金互助社的结算账户一般挂靠在一些大银行，难以进入同业拆借市场，其业务经营不具有灵活性。

（三）管理水平先进

1. 村镇银行的主发起人是大银行，在经营管理上延续了大银行的先进管理理念。大银行将自己的管理技术、管理理念合理移植到村镇银行日常管理中，短时间内村镇银行获得了大银行的专业人才、管理模式等系统性支持，有效控制了经营管理成本。贷款公司和农村资金互助社在自身资本金低的条件下，管理中投入成本占比过高。以吉林省梨树百信农村资金互助社为例，会计

工资、安保设施支出等管理支出高达 7.6 万元，而其注册资本金仅有十几万元，过高的经营管理成本不利于贷款公司和资金互助社的健康发展。

2. 村镇银行是股份制的金融机构，管理更加现代、民主。贷款公司可不设立董事会和监事会，而村镇银行有自己的股东会和董事会，治理结构比较完善，其组织架构如图 3.8 所示。

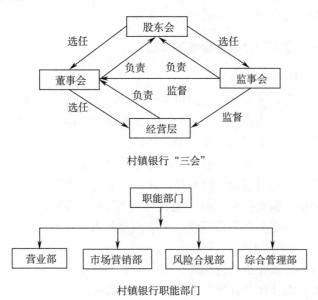

数据来源：Wind 数据整理。

图 3.8　村镇银行组织架构

第二节　农村资金互助社、贷款公司发展缓慢

相比村镇银行的快速发展，贷款公司和农村资金互助社发展速度慢、数量少。截止到 2013 年末，全国共有贷款公司 14 家，资金互助社 49 家。与银监会《新型农村金融机构 2009—2011 年总体工作安排》中再设立贷款公司 106 家、资金互助社 161 家的计划相差甚远。

一、贷款公司发展缓慢的原因

贷款公司由银行业金融机构作为唯一股东，其设立取决于银行业金融机构的意愿。相比于开办分支机构，贷款公司的设置过程程序烦琐，资金来源单一，难以发放大量的贷款，属于非银行业金融机构，不能吸收存款，经营模式受到限制。与村镇银行相比，贷款公司不能吸收存款，难以发展壮大。因此，境内商业银行或农村合作银行更倾向于设立村镇银行或设立分支机构，而不愿设立贷款公司。

此外，贷款公司与小额贷款公司相比，从发起人的角度也没有优势。小额贷款公司对发起人限制少，资金来源多，审批简化，经营灵活，成为民间资本进入金融业的可行渠道，因而得到了较快发展。

二、农村资金互助社发展缓慢的原因

（一）社会认同度不高

与村镇银行有许多银行业金融机构热衷参与不同，农村资金互助社是农民自己的组织。没有广大农民的积极参与，农村资金互助社的建立和发展就难以实现。但长期以来，农村地区缺乏金融知识的宣传，很多人没有负债意识，不懂得在缺少资金时怎样融资，自然更不知道通过组建农村资金互助社的方式来进行资金互助了。农村资金互助社是近几年在农村出现的新生事物，如果没有地方政府的推动，银监会制定的《农村资金互助社管理暂行规定》和《农村资金互助社示范章程》等行政规章一般农户是很难了解的。

（二）设立条件苛刻

由于现行的审批手续普遍烦琐，批准的条件又比较苛刻，所以许多资金互助社没有获得金融业经营许可证，因此没有合法的地位。

根据《农村资金互助社管理暂行规定》，设立农村资金互助社应符合多项条件，其中要求"有符合任职资格的理事、经理和具备从业条件的工作人员"和"有符合要求的营业场所，安全防范设施和与业务有关的其他设施"，这两个条件最难达到。对从业人员的要求，经过培训还能够达到要求，但对场所设施的要求，则是许多资金互助社难以达到的。许多农村资金互助社由于开业时股本刚刚达到村级互助社开业股本 10 万元的门槛，在没有外部资源输入的情况下，筹备开业和基础设施花去了大部分股金，开业初期用于信贷的资金就所剩无几，陷入资金瓶颈。

（三）严格的监管限制了资金互助社的发展

根据《农村资金互助社管理暂行规定》，银行业监督管理机构按照审慎监管要求对农村资金互助社进行持续、动态监管。虽然监管部分只有五条，但要进行持续、动态监管，以银监会目前的力量是很难达到的。因此，目前在农村资金互助社设立上是有指标控制的。

第四章 新型农村金融机构
脆弱性的表现及原因分析

第一节 新型农村金融机构脆弱性的表现

一、信息不对称

信息不对称理论最初由阿克洛夫提出，20 世纪 80 年代后，该理论被引入银行脆弱性的研究中。信息不对称理论从假定金融市场信息不对称开始，详细描述了金融系统如何因信息不对称而产生道德风险和逆向选择，以至于最终发生危机的过程和机制。信息不对称理论把金融脆弱性放在金融危机问题的中心位置。

信息不对称是金融市场的一种常态，一方面，新型农村金融机构信息不对称主要表现为村镇银行、贷款公司、农村资金互助社很难掌握农户和农村中小企业的信用记录，难以准确把握农户和农村中小企业的风险承受能力，这会导致它们在发放贷款时通常会发生逆向选择，即新型农村金融机构可能会选择风险承受力低的农户和农村中小企业，而对于这些农户和农村中小企业来讲，他们的预期收入不稳定，贷款违约风险较大；另一方面，信息不对称也会导致道德风险。作为新型农村金融机构的贷款对象，农户和农村中小企业由于其广泛性、复杂性以及监管不到位的原因，对于他们的信誉、财务状况以及贷款项目的风险和收益信息，新型农村金融机构了解较少，某些农户和农村中小企业可能会将贷款挪用于一些高风险的投资项目，而新型农村金融机构很难发现这种情况。新型农村金融机构虽然可以通过限制性契约即借款合同等手段来约束借款农户和农村中小企业，但并不能预防所有的风险活动，借款农户总是会找到限制性契约无法生效的漏洞。

二、注册资金少、门槛低

银行的稳定性除了清偿能力以外，还存在流动性的问题。一旦存款人动摇了对银行的信心，就会发生恐慌性的挤兑行为，这样流动性的问题就更为严重，但银行自身却无法恢复公众的信心。银行业具有的内在不稳定性就是建立在银行无法通过自身的行为来恢复存款人的信心这个假设上的。为了引导新型农村金融机构的快速发展，银监会根据服务农村地区规模大小、业务复杂程度以及不同的起点设定了一定的标准，新型农村金融机构只需几十万元至几百万元就可以成立，这就导致了新型农村金融机构与国有银行相比，其流动性风险明显偏高。同时，由于在经济发展落后的农村地区，村镇银行、资金互助社经营网点少，加上处于发展的初期，其社会声誉和社会公信度不高，导致其吸存困难。同时贷款公司的注册资本较低，经营模式为"只贷不存"，这就导致新型农村金融机构一方面流动性需求旺盛，另一方面，其流动性供给明显不足。同时，农民对信息的辨别力较低，当一家新型农村金融机构出现问题时，极容易在"羊群效应"的带动下，发生挤兑风潮。

三、受国家扶持力度影响大、政策性风险高

政策性风险是政府更替或首脑更替所引起的政策变化的风险，或者是国家政策、法律法规的调整给金融机构造成损失的可能性，我国的新型农村金融机构是在国家政策的大力支持下设立的，享受着国家的税收优惠，尤其是作为新生事物，政策依赖性非常大，而国家政策扶持不到位，是近年来新型农村金融机构发展滞后的主要原因之一。

四、人员素质低、内部治理不完善

大多数新型农村金融机构选择在落后的农村地区设立，面临从业人员整体素质偏低、专业技能缺乏、业务知识水平不高等现实问题。而且这些新型农村金融机构的规模小，其组织结构虽然是按照现代企业制度的要求建立的，但依然普遍存在着机构工作人员身兼数职的现象，同时内部管理松散，职员工作意识较差，内控监督不到位，这些都极容易导致新型农村金融机构内控风险增大。与现存的其他农村金融机构相比较，新型农村金融机构的操作风险更高，内部控制能力更加薄弱，脆弱性表现更为突出。

五、农村金融环境欠佳

农村金融环境关系着新型农村金融机构的健康成长，农村基础较差、信贷

资产质量低下、农村金融市场结构的不合理等方面是我国农村金融环境恶化的主要体现。另外，农村金融效率反映了农村地区储蓄向投资的转化程度，也是影响农村金融环境好坏的重要因素。

六、市场约束制度与新型农村金融机构的脆弱性

市场约束是市场自动发挥对银行的约束作用的机制。市场约束机制作用的发挥是通过公开披露信息、代理权竞争约束、股权转让机制约束和对有问题金融的处置制度来实现的。按照马尔科姆·奈特的观点，有效的市场约束是维护金融机构稳定运行、促进经济体制良好发展的一个不可或缺的因素。严格的市场约束会通过提高对风险和收益不匹配的交易的融资成本来引导资金在风险权衡下进行最优配置。同时，市场约束还能将风险收益严重不匹配的公司推向倒闭，以遏制稀缺资源的浪费和市场上过度承担风险的行为（马尔科姆·奈特，2004）。很久以来，我国农村金融市场的市场化程度不够，市场约束机制不健全，不利于新型农村金融机构的稳定经营和健康发展，会导致新型农村金融机构的脆弱性。

七、对有问题金融机构的处置未遵循权责利对称原则

从国外经验来看，紧急救助措施、债务重组和市场退出是对有问题金融机构的主要处理方式。但由于我国长期以来的经济体制，对有问题金融机构的处理主要是银监局和中央银行操办，尽管也尝试了接管、并购等多种方式，但主要还是银监局通过行使金融监管权力来解决有问题金融机构的处置问题，对一些资产已为负值的机构，要么政府担保免于破产，要么采取关闭、破产等极端的处理手段，这种通过行政手段来处置有问题的金融机构的方式，虽然见效很快，但成本高、道德风险严重。由于出资人和经营者未承担经营失败带来的全部损失，权利与责任不对称，收益和风险不平衡，这种示范效应造成了整个市场上较高的道德风险。同时，目前我国金融市场交易主体间的风险分担机制尚未建立，缺乏有效的风险分担机制来化解风险。虽然新型农村金融机构成立时间较短，即使出现一些问题，也还在可解决范围内，然而对有问题金融机构的处置制度的缺陷也会带来潜在的风险。新型农村金融机构的所有者和经营者意识到，即使出现问题也不需承担全部的损失，会促使其采取较为冒险的行为，这种示范效应会造成整个金融市场出现较高的道德风险，从而导致金融机构的脆弱性。

第二节　制约新型农村金融机构可持续发展的原因分析

一、外部原因

（一）经济发展水平和农村市场化程度因素

我国区域经济发展水平差异明显，农村地区市场化程度各异，资金使用效率也各不相同。经济发展水平高、市场发育程度高的地区，非农就业或发展非农经济的机会多，可以吸引更多的投资与技术支持，资金利用效率高，有益于新型农村金融机构的可持续发展。相反，区域经济发展水平较低、农村市场化程度低的地区资金使用效率低，贷款风险高，资金回收率低，制约了新型农村金融机构的可持续发展。

（二）农村竞争环境因素

根据微观经济学，垄断是低效率的，完全竞争厂商根据价格等于边际成本来提供产品，而垄断厂商根据边际成本加成来提供产品。农村信用社一枝独大的特点决定了必定存在额外净损失，农村信用社提供的产品价格较低，导致需求大于供给，因此会导致寻租现象的产生，从信用社贷款需要找熟人、工作人员拿回扣等现象有力地说明了这一现象的存在。农村竞争环境的差异对新型农村金融机构的可持续发展起到非常重要的影响，竞争环境较好、垄断不严重的地区新型农村金融机构发展外部氛围好，易于开展工作，有利于其可持续发展。

（三）政策支持和相关配套改革因素

对新型农村金融机构的政策扶持力度不够，相关配套改革滞后是导致新型农村金融机构发展缓慢和经营绩效不佳的重要原因之一。

1. 政策扶持力度不够

（1）财税政策扶持力度不够。新型农村金融机构对农户的信贷服务具有较强的支持性和普惠性，因此，应该在其设立和发展初期提供财政补贴和资金支持，执行更加优惠的税收政策。虽然财政部和国家税务总局先后出台了一系列扶持新型农村金融机构发展的财税政策，也取得了一定成效，但总体而言，对新型农村金融机构开展涉农信贷业务的财税政策扶持的广度和深度都不够。

（2）货币金融政策扶持力度不够。现阶段，农村资金互助社暂不向中国人民银行缴存存款准备金。村镇银行应按照中国人民银行存款准备金的管理规定，及时向中国人民银行当地分支机构缴存存款准备金，村镇银行的存款准备金比照当地农村信用社执行。可见，在存款准备金管理上，对农村资金互助社和村镇银行还是比较优惠的，但村镇银行作为比农村信用社更小的农村金融机构，执行的存款准备金率水平还有进一步降低的空间。

对新型农村金融机构发放支农再贷款的扶持力度不够。当前，村镇银行已经纳入了支农再贷款的支持范围。农村资金互助社作为社区互助性银行业金融机构不能获得中国人民银行的支农再贷款支持。贷款公司也没有得到支农再贷款的支持。支农再贷款是指中国人民银行对各类农村金融机构发放的贷款，以前主要发放给农村信用社。自 1999 年开办这项业务以来，支农再贷款对引导信贷资金投向、扩大"三农"信贷投放发挥了重要作用，对支持农村信用社改善支农金融服务、缓解农民贷款难起到了重要作用，也收到了良好的政策效果。2003 年对农村信用社改革的资金扶持政策中，就有专项再贷款的规定，其贷款利率按照金融机构准备金存款利率减半确定，期限根据试点地区的资金再贷款利率，体现了对农村金融机构增强资金实力的政策扶持。而目前支农再贷款还没有惠及贷款公司和农村资金互助社。

此外，新型农村金融机构的支付结算渠道不畅。目前，全国大部分村镇银行未进入全国支付清算系统，不具备开具票据、银行汇兑、发行银行卡等基本功能，通存通兑、同业拆借也无法实现，不能异地存取款，对外出务工人员非常不方便，导致村镇银行吸收存款的能力较弱。同时，一些村镇银行没有接入中国人民银行的征信系统，因此村镇银行不能查询中国人民银行征信系统数据库中企业和个人的信用记录，这在一定程度上限制了其贷款的投放，承受的信贷风险变大。

2. 相关配套改革滞后

首先，利率市场化改革滞后，制约了新型农村金融机构的发展。虽然中央银行于 2015 年 10 月 23 日宣布放开存款利率上限，但取消利率管制只是形式上的利率市场化，利率市场化进程中有两项重要任务，一是逐步弱化对中央银行基准存贷款利率的依赖，二是通过一系列改革来疏通利率传导机制，这就意味着利率市场化仍在路上。新型农村金融机构的存款利率与信用社等农村金融机构水平相差不大，吸收存款没有价格优势。

其次，农村市场信用体系建设比较滞后。与城市信用体系建设相比，农村地区的信用体系建设进展缓慢，不利于新型农村金融机构共享农村地区信用状况，增加了贷款发放的违约风险。另外，广大农民群众对信用体系建设的重要性认识不够，也影响了信用体系的建设。

最后，政策性农业保险制度还不健全。近几年我国农业保险虽然得到了迅速发展，但在政策性农业保险公司的成立上还不够，很多地方是由商业保险公司办农业保险，影响了农业保险的普及和保险基金的积累。在农户和其他新型农业主体没有参保时，新型农村金融机构贷款的安全性就会降低。

（四）农村文化环境因素

文化具有凝聚、整合、同化、规范社会群体行为和心理的功能，是其他社会要素无法替代的。文化是培育共同利益或者是通过共同利益的培育而创造出来的一种强调价值的状态，不同文化制度对投资者的决策具有深远的影响。农村文化作为整个文化的重要组成部分，是广大农民在生产生活实践中创造发展而来的，对农村社会经济及农民思想行为具有巨大影响。我国各地区文化差异明显，全面了解新型农村金融机构所处地区的文化特点，对于促进新型农村金融机构可持续发展具有基础性作用。

二、内部原因

（一）制度因素

首先，新型农村金融机构市场准入门槛过低，注册资本少。较低的准入门槛，有利于更多新型农村金融机构的设立，但是，反过来过低的注册资本，又将会导致新型农村金融机构资金不足，抵御和防范金融风险的能力较差，给农村金融市场带来较大的风险隐患。在银监会允许设立的三类机构中，村镇银行最低注册资本是最高的，在县（市）设立的，要求注册资本不低于300万元人民币；在乡镇设立的，要求注册资本不低于100万元人民币。农村资金互助社是最低的，其中，在乡镇设立的，要求注册资本不低于30万元人民币；在行政村设立的，要求注册资本不低于10万元人民币。贷款公司的最低注册资本也比较低，注册资本不低于50万元人民币。所以，提高准入门槛，可以增强农村金融机构抗风险的能力。

其次，新型农村金融机构内部控制监督不严。由于新型农村金融机构刚成立几年，机构规模有限，各机构为了节约经营成本，在组织机构设立上并没有将股东会、董事会和监事设置到位，因而缺乏有效的制衡机制，特别是缺乏监督机制，容易引发内部人控制问题。

（二）企业文化因素

任何金融机构的发展都离不开客户的信任，而取得客户信任最有效且持久的方法就是构筑企业文化。新型农村金融机构应立足于服务农村的宗旨，利用其小额信贷技术为客户服务，在进行放贷的同时让客户熟知其机构宗旨，以稳定客户。同时，也应注意加强对员工的培训，使员工接受本机构的理念，增加其使命感和荣誉感。

目前，新型农村金融机构都成立不久，缺乏品牌，尤其是村镇银行，需要吸收公众存款，由于缺乏一定的信用及口碑积累，在与农村信用社等其他老牌县域金融机构的竞争中处于不利地位。因此建立企业文化，取信于民，发挥品牌效应极为重要。

（三）吸收存款与融资渠道因素

新型农村金融机构吸收存款难、融资渠道狭窄，导致流动性不足，存贷比偏高，同时也抑制了其贷款业务的开展，从而导致其经营绩效不理想。

1. 村镇银行和农村资金互助社吸收存款难

公众认知度不高影响存款的吸收。村镇银行是新生事物，成立时间较短，资产规模小，资金实力单薄，受成本费用控制的制约，经营网点少，网点覆盖率低，业务简单，宣传力度不够，品牌影响力有限，社会公众对其认知度和信任度较低。农村资金互助社成立也较晚，农户对农村资金互助社的认知度低，而宣传认知和信用建立需要一个过程。由于认知度低，在存在众多个金融机构的情况下，人们自然会将钱存到传统的金融机构。

经济发展水平和制度规定的限制。村镇银行设在县城，吸收存款本身就要受到农村居民和农村小微企业闲置资金较少的客观限制。《农村资金互助社管理暂行规定》要求"农村资金互助社不得向非社员吸收存款"，将存款客户限制在本村入股社员范围内。由于农村资金互助社的制度安排决定了只能吸收社员存款，社员的存款又受到当地农村经济发展程度不高和农民收入水平低等的影响，这就决定了其存款来源不足，难以满足社员的贷款需求。

2. 融资渠道狭窄

第一，村镇银行融资渠道狭窄。目前，村镇银行不能发行金融债券，因而排除了村镇银行通过发行债券、票据等方式进行融资的可能。村镇银行可以从事拆借业务，但不能进入全国银行间市场拆借，只能向当地金融机构拆借资金。

第二，农村资金互助社融资渠道狭窄。农村资金互助社的资金来源有四个渠道：一是股金，二是吸收社员存款，三是向其他银行业金融机构融入资金，四是接受社会捐赠资金，但目前这四条渠道都不太顺畅。农村资金互助社的股金增长非常缓慢。一方面，农民入股主要为获得贷款，当农村资金互助社不能满足农民贷款需求时，农民便不愿入股。另一方面，农村资金互助社分红率极低。农民入股后在短期内很难借到贷款，也无法享受到分红的收益，农民入股的积极性不高，股金增长比较缓慢。

第三，新型农村金融机构缺乏外部融资制度支持。《中国农村金融服务报告2010》指出，农村金融市场"批发＋零售"的融资渠道有待发展，大型商业银行或政策性银行与农村金融机构的合作联通机制尚未建立。保险资金等社会资金也缺乏进入农村金融机构的渠道和政策。

（四）金融服务与管理因素

1. 利率定价能力不足

从国际成功经验以及可持续发展理论，可以看出利率水平是制约机构可持续发展的关键因素，利率太低会影响机构的经营可持续性，利率太高可能会导致客户的流失。但是受市场及管理能力的制约，现有的新型农村金融机构没有能力根据机构的运转成本及客户个体的信用状况来确定利率。

2. 产品创新能力不足

农村金融市场主体的多样性决定了需求的多层次性，作为农村经济活动的主体，农户、新型农业经营主体和农村企业是农村金融需求的三大主体。根据金融需求特征，农户可分为贫困农户、传统种养业农户和市场型农户；新型农业经营主体包括种养业大户、农民专业合作社和家庭农场；农村企业也可以简单划分为微型企业、小型企业和规模企业。不同的需求主体具有不同的资金需求，新型农村金融机构要根据他们的各自特性开发适宜的金融产品。显然，目前有针对性的产品创新不足。

3. 管理能力不足

农村金融市场存在信息不对称情况，新型农村金融机构进入新市场，对市场和客户的初始调查成本比较高，各项内控制度、贷款管理办法还处于摸索过程中。部分村镇银行的发起人来自外地，在当地缺乏人缘、地缘，主发起人所在地的金融服务和产品与村镇银行所在地也存在一定的差异，需要一定的磨合过程。另外业务人员对金融、法律、财务等相关知识掌握不够，对小额贷款产品业务运作和风险管控还比较陌生。

第三节　制约新型农村金融机构可持续发展的因素分析

一、相关政策落实不到位法律体系不健全

应当说相关部门为支持村镇银行的可持续发展出台了一系列的政策，包括利率政策、补贴政策、税收优惠政策、加入人民银行大额支付系统政策、支农再贷款覆盖到村镇银行等政策。但是，这些支持政策在执行过程中往往难以落

实到位，村镇银行本应享受到的各种优惠政策也因种种原因而实际上没有得到。有些政策对村镇银行的发展起到了关键作用，如果落实不到位，将会阻碍村镇银行的可持续发展。

由于小额贷款公司被划分为一般工商企业而非金融机构，因此小额贷款公司享受不到国家针对农村金融机构诸如农村信用社、村镇银行在融资和经营等方面的各种优惠政策。小额贷款公司从事的是金融行业相关业务，却按照一般工商企业缴税，这极大地增加了小额贷款公司的税负负担。而国家对信用社等农村金融机构的支农补贴政策，小额贷款公司也是享受不到的，小额贷款公司的运营成本远高于金融机构，加大了经营风险。小额贷款公司的存款利息只能按照银行活期存款利率计算，远低于以银行同业存款利率计算的利息；融资时，也不能享受全国银行业拆借市场的拆借利率，只能按照银行一年基准利率计算。这不仅提高了融资成本，也会造成坏账损失的增加。总之，税负重、融资杠杆比例小、利差小等问题都大大增加了小额贷款公司的运营成本和融资成本，阻碍了小额贷款公司业务的开展及其可持续发展。

另外，在资金互助社里，社员既是股东，又是客户，一旦发生纠纷与坏账问题，究竟按什么法律规定来进行处理是一个问题。另外，资金互助社的法人地位也不明晰，不能以独立的法人身份与其他市场主体进行经济活动，这不利于其长久发展。在全国各地的农村地区自发成立的农村资金互助社有上万家，这些农村资金互助社对解决农民贷款难、存款难起到了积极的作用。但是，限于目前政策和法律法规的障碍，这些农村资金互助社并没有得到市场的广泛认可。

二、发起人制度制约其发展

村镇银行发起行的要求是一个具有争议性的问题。利用发起行发起村镇银行可以有效避免其因经验不足导致的操作风险，但是发起行的要求确实也限制了村镇银行的发展。一方面，如果发起行没有积极性，就很难成立更多的村镇银行，机构数量受到限制。另一方面，发起行对村镇银行的经营模式影响很大，这些影响可能不利于村镇银行服务农户和农村中小企业，导致村镇银行不"村镇"。大型商业银行的经营重点是大型金融，而非农村金融。经过多年的发展，这些银行已经在全国各地形成了庞大的网点体系，不需要再设立新的分支机构。加上一些发起行并不具备提供农村金融服务的能力和技术，涉足农村金融有一定的风险。有些大银行发起设立村镇银行也只是出于完成任务的需要，是为了设立而设立，而不是为了将村镇银行搞好。在实际操作中大型银行也仅仅是把村镇银行看成其分支机构，而不是一个独立的机构。这是村镇银行不"村镇"的根源所在。

要求银行业金融机构做发起行也是小额贷款公司发展缓慢的主要原因。拥有较大额资产的银行，本来就在做贷款业务，发起小额贷款公司并没有给银行带来任何利益，小额贷款公司对于银行并不是一种创新盈利模式。设立小额贷款公司为农户和农村中小企业提供金融服务的出发点是为了让现有的银行业金融机构将资金投放到农村市场中来，但是通过设立一家子公司来提供贷款，不仅没有真正解决资金投放问题，反而增加了银行的经营成本。对于发起行来说，设立小额贷款公司并不能给银行带来新的利润增长点。与此同时，这一政策也将很多的民间资本排除在外，大量的民间资本和私人资本既不能投资小额贷款公司，也不能参股小额贷款公司。

三、资金来源不足且单一、贷款成本高、风险大

新型农村金融机构发展中资金来源不足的问题越来越严重。无论是村镇银行、小额贷款公司还是农村资金互助社，业务拓展的前提都是拥有足够的资金来源。

自 2007 年村镇银行成立以来，其贷款需求日益增大，但是村镇银行成立时间短，社会认可度低，所以吸储能力相对较弱。而且农村储蓄存款的流失，农民的积蓄由于物价上涨、消费增加等问题而减少，也使村镇银行的存款数量在不断减少，进一步制约了其业务范围的扩大，降低了其占领市场份额的能力。由于村镇银行不能通过全国银行业拆借市场进行资金的拆借，因此只能通过非银行金融机构进行资金的拆借，这就导致了村镇银行贷款效率低、成本高。

目前，小额贷款公司只能通过三种途径获得资金，除了股东缴纳的资本金外，还包括捐赠资金，来自不超过两个银行等金融机构的融入资金，以及从银行等金融机构获得的融入资金，不得超过资本净额的 50%。小额贷款公司的利润来源仅仅是利息收入，"只贷不存"的限制使资金缺口成为小额贷款公司发展的一个瓶颈。后续资金来源不足的问题严重阻碍了小额贷款公司的进一步发展。

农村资金互助社成员的股份为其主要资本。农村资金互助社覆盖的范围，社员的储蓄能力决定了互助社的资金规模。同时，入社的社员往往是因为想贷款才加入，而且他们的资金实力并不强，因而经常出现资金供不应求的局面。实际上，越是开展资金互助社的村庄，农民的储蓄能力越有限，而资金实力雄

厚的村民，很少有意愿将资金投入到收益不高、风险较大的农村资金互助社。如果没有外部资金的进入，农村资金互助社很难做大，也无法满足社员对资金的需求。虽然允许资金互助社接受捐赠和向银行融资，但捐赠不是一个稳定的来源，而银行如没有行政行为介入，很难提供贷款。因而在社员收入还没有真正提高之前，资金来源是一个重要的问题。同时互助社由于经营管理成本不断提高，也很难维持长久发展。

四、自身缺陷限制其发展

虽然相关规定明确说明符合条件的村镇银行可以申请加入支付系统以及信用信息数据库，但是，在实际运营中，村镇银行加入征信系统的难度仍然很大。只有为数不多的村镇银行加入了人民银行的大小额支付系统、电子对账系统、账户管理系统、银行卡跨行支付系统、同城票据交换系统等，多数村镇银行不能充分享受到现代化支付系统带来的服务上的便利，这在很大程度上影响了村镇银行吸收存款、发放贷款等最基本的资产负债业务的正常开展，以及办理票据承兑与贴现、国内结算等中间业务的正常开展。目前，村镇银行只能将业务集中在传统的储蓄存款、小额信贷、质押贷款和票据贴现等业务上，资金主要用于农业生产资金贷款，业务范围受到限制，无法满足客户的资金需求。村镇银行实际上是孤立生存的，缺乏与外界的联系，生存环境很不乐观。村镇银行虽然是一级法人，但作为一个新生事物，运行时间短，人们对其缺乏了解，其安全性得不到公认，公信力不足，因此，吸收存款成为村镇银行普遍面临的挑战之一。一些地方政府为了支持村镇银行的发展，将财政资金的开户银行设在村镇银行，因此存款集中度很高，储蓄存款占比较少。据调查显示，储蓄存款在村镇银行存款总额中占比平均不到三分之一。村镇银行的可放贷资金量不足，与日益增加的贷款需求相矛盾，由此带来的村镇银行贷存比普遍偏高。部分村镇银行甚至超过100%，存在监管风险。村镇银行的流动性受制于较高的存款集中度，会带来较高的流动性风险。村镇银行无法通过全国银行业拆借市场进行资金的拆借，无法通过全国银行业拆借市场获取资金头寸，解决资金流动性的难度很大。造成村镇银行吸收存款困难的另一个原因是村镇银行无法加入银联系统，这也使得村镇银行很难通过非现金支付工具开展结算业务，这也导致村镇银行出现结算方式单一，结算服务种类匮乏，效率低等问题，给客户支付带来很大不便，导致高端客户的流失。

目前，城市及其周边地区的中小金融机构如雨后春笋般不断增多，网点分布范围不断扩大，贷款利率水平相对于小额贷款公司也比较低，而且拥有良好的信誉水平，因此，信用度高的用户会选择这些机构。而小额贷款公司的贷款需求者的信用水平相对较低、信用风险大，银行业金融机构为了规避这些风险，增加行业竞争力，在营业网点足够多的情况下，就不会选择设立小额贷款公司，成为其大股东，而转向作为发起人设立村镇银行。从小额贷款公司的经营规模来看，大部分小额贷款公司的股东数量较少，大都只有几个或十几个股东，这非常容易造成少数股东掌握多数股权的不利局面，这不仅会侵害到小股东的利益，也会因股权过于集中不利于未来小额贷款公司健康有序的发展。如果小额贷款公司在贷款之前能明确获悉用户的信用等级，就会大幅减少信用风险。但是按照目前的方式对用户进行信用评估，运营成本会大幅增加。由于小额贷款公司的经营受到限制，享受不到优惠政策，其绩效水平也相对较低，因此，很难聘请有相关工作经验的专业人士对小额贷款公司进行经营管理，从而出现人员整体素质不高，专业人才缺乏等问题。小额贷款公司是隶属于发起行的子公司，发起行如果不提供适合的农村金融产品和金融服务模式，那么，小额贷款公司也就没有能力开发新的信贷产品和适合的信贷服务模式。因此，小额贷款公司沿袭了发起行的贷款产品，成了发起行信贷产品营销的一个延伸，所提供的信贷产品可能不符合农户和农村中小企业的需要。

农村资金互助社的管理人员大多是合作经济组织的人员，他们具有合作经济组织的管理经验，但是在金融运作方面缺乏技术和经验，尤其是与金融业务有关的现代技能更是缺乏，这是阻碍农村资金互助社发展的因素之一。

五、机构种类多监管要求高

新型农村金融机构主要服务于乡镇和广大农村地区，而我国基层银监机构主要集中于距离乡镇较远的城市地区，覆盖面不足。设在县域的监管办事处工作人员相对较少，有的地区甚至已经撤销了监管办事处，各监管岗位人员编制有限，很多工作人员身兼数职，无法组织足够的监管力量对新增加的金融机构进行有效监管。同时由于新型农村金融机构多为一级法人，且机构类型各不相同，因而对新型农村金融机构的现场监管和实地调查存在较大的困难。

小额贷款公司的经营对象为货币，小额贷款公司设立审批、日常监管的主体为各地方省市金融办，金融办属于政府部门，其人员大都是政府部门人员和银行业金融机构的兼职员工。金融办工作人员对小额贷款公司的监管能力远远没有达到对货币经营这种特殊行业的监管要求。一些地区尤其是一些县、市地区监管机构对小额贷款公司的日常监管能力严重缺失，使小额贷款公司的公司组织结构和风险控制能力不够完善。

　　银监会《农村资金互助社管理暂行规定》要求在乡（镇）和村设立的农村资金互助社，其注册资本金分别不低于 30 万元和 10 万元，注册资本应为实缴资本。这一要求对于依托合作社和企业发起的互助社来说不是非常困难。但是，对于农民自发组织的农户之间的资金互助社来说，这一要求则过高了。尤其是对于中西部贫困乡镇和村庄来说，它们本来就得不到基本的金融服务，开展互助合作才是一条可行之路。《农村资金互助社管理暂行规定》要求"农村资金互助社理事长、经理应具备高中或中专及以上学历，上岗前应通过相应的从业资格认证考试"。对于农村地区来说，尤其是贫困地区来说，在村级能够满足上述条件的人员很难找到，而实际上，资金互助社在很大程度上是互助社管理，需要有丰富的经验，能够与农民打交道，具备一定的学历并有能力管理农民的互助合作组织。《农村资金互助社管理暂行规定》对营业场所的要求高，满足这样的需求要几十万元的投资，小规模的农民资金互助社很难满足这样的条件。

六、金融产品与金融服务单一、创新能力不足

　　在金融产品服务方面，由于村镇银行面向广大县域，受到区域条件和经济条件的限制，绝大多数的村镇银行以传统的信贷业务为主，理财产品、办理银行卡等业务均未涉及，类似承兑、贴现、代收代付、咨询服务等中间业务也开展相对缓慢，与商业银行相比还存在很大的差距，这都使得村镇银行难以为客户提供符合实际需求的金融服务，缺乏竞争优势。

　　当前新型农村金融机构业务人员仍然习惯于传统的经营模式与服务思维，没有充分发挥贴近农村、熟悉农户、决策链条短的比较优势，更没能建立起以客户"软信息"为主要内容的营销信息系统，产品单一、服务僵化，收入来源主要依赖于信贷业务，并且这些信贷业务未能体现出特色与创新，金融服务质量和效率还不能适应农村经济发展的多元化需求。

　　新型农村金融机构是为了解决农村地区金融供不应求问题的制度创新，要更好地服务于农村金融市场，就必须在贷款模式和金融产品上有所创新。贷款模式主要是指贷款流程、风险控制、担保模式、还款模式等。现阶段，部分新型农村金融机构根据自身规模小，业务灵活等特点，在贷款模式上有所创新，创造了一些更快捷高效的产品，以适合农村市场资金需求时间急、频率高、数额小的特点。但是，还有很多新型农村金融机构存在很大的不足，主要表现为：在贷款模式上，很多机构还使用传统的业务模式；在风险控制上，盲目地追求扩大信贷规模，而忽视了风险管理和防范，轻率授信；在担保方式上，主

要采取实物担保、农户联保，而很少开展信用担保。在还款模式上，除少数村镇银行开展了循环贷款模式外，很多还是坚持"一次授信，一次还款"。对于金融产品创新方面，还没有根据农村金融的特点进行创新。现阶段，农村金融产品都只停留在存、贷、汇业务上，而票据承兑、贴现、同业拆借、银行卡业务、代理收付款项及代理保险业务和手机银行业务等都未开展。

第四节　新型农村金融机构脆弱性指标构建

一、层次分析法

　　层次分析法是由美国著名的运筹学家 T. L. Saaty 提出的，是一种全新的处理复杂的社会、经济和技术等问题的决策方法。通过运用层次分析法来研究新型农村金融机构脆弱性问题，首先应该把问题进行层次化分析，进行递阶层次分析，并按各因素之间的相互关系，形成一个自上而下的系统，其中上一阶层的元素对下一阶层的全部或部分元素起到支配作用，从而形成一个自上而下的逐层支配关系，从而构建出研究新型农村金融机构脆弱性的递阶层次结构模型。构建这一目标结构的主要目的是，以研究新型农村金融机构脆弱性这一总体目标出发，通过建立有意义的中间层和指标层，利用层次分析法中规定的指标之间的相对重要性，进行两两比较，按阶梯层次自上而下的顺序对各因素的权重进行合成，得到各因素对新型农村金融机构脆弱性的影响系数。

二、运用层次分析法构建模型的基本原则与思路

　　我们建立层次分析模型的主要目的就是要研究新型农村金融机构的脆弱性，从而提出可行的改进意见。因此，我们在构建目标层和指标层时首先要明确的是有哪些因素影响着新型农村金融机构的脆弱性，然后根据这些主要因素之间的相互关系，通过比较相互之间的重要程度，并根据专家给出的评分得到判断矩阵，得出定量的结论，进而对所研究的脆弱性问题实现质的认识。可以看出，利用层次分析模型来分析问题的关键就是对指标之间相对重要性的确定，即总的排序和权重分布，因此，我们在建立层次分析模型时，要遵循以下几点建模原则。

　　（一）指标选取的互补性和显著性

　　任何一个问题的研究都是错综复杂的，都包含若干的影响因素。因此我们在设计任何一个指标时都要考虑到其对所要研究的整个目标系统重要性程度，

使各指标之间的相互关系能够更加客观地、全面地反映所研究的问题，否则就会造成评价结果的失衡。同时，在选取指标时也要注意指标的显著性，换句话说，所选取指标的灵敏度要高，指标的微小变化都能直接地影响到研究问题的变化情况，只有这样，监管部门才能依据指标及时地发现新型农村金融机构在经营中出现的问题，并及时采取措施。

（二）模型的理论性和实用性相结合

层次分析法的应用主要是通过对理论的分析来研究实际的问题，通过总结当前国内外研究领域的一些科研成果，使层次分析法的分析建立在坚实的理论基础之上，运用层次分析法严密的、科学的量化处理技术，增强模型的实用性和操作性。

（三）定性分析与定量分析相结合

层次分析法的权重判断首先以专家所给意见的定性判断为基础，设计出判断相对重要性的比例指标。其次，通过利用几何平均法，对判断矩阵进行计算分析，从而得出同一层次不同指标间的相对重要性的权重，最后，从下而上计算各层次各因素之间的合成权数，从而得出各因素对所研究问题的影响程度的总排序。

三、基于层次分析法的新型农村金融机构脆弱性测度模型的建立

71

（一）建立层次结构模型

在层次分析法中，首先我们应该建立自上而下的递阶层次结构模型。首先我们应该清楚影响新型农村金融机构脆弱性的各种因素以及各因素之间的相互关系；然后将各因素进行分组，构成了一个以目标层、中间层和指标层所组成的影响新型农村金融机构脆弱性的递阶层次结构模型。

层次分析法（APH法）是一个多准则的预测方法，它的具体做法是将一个复杂的问题简单化，分解为各个组成因素，这些因素之间是支配关系，形成一个有序的递阶层次结构，通过两两比较的方法，来确定其相对重要性，然后综合人的判断，决定各要素之间相对重要性的总排序。

层次分析法的使用分四个步骤：第一，根据所研究问题建立递阶层次结构模型；第二，构造判断矩阵；第三，进行层次单排序及一次性检验；第四，进行层次总排序及一致性检验。权重的方法主要来自于专家的调查文献，专家对任何两两因素哪一个更为重要时依据一定的打分标准，如下：

1—表示两两因素相比，具有同等重要性；

3—表示两两因素相比，一个元素比另一个元素稍重要；

5—表示两两因素相比，一个元素比另一个元素明显重要；

7—表示两两因素相比，一个元素比另一个元素强烈重要；

9—表示两两因素相比，一个元素比另一个元素极端重要；

2，4，6，8—如果成对失误的差别介于两者之间时，可取上述相邻判断的中间值；

倒数—若元素 i 与元素 j 重要性之比为 a_{ij}，那么元素 j 与元素 i 的重要性之比为 $a_{ji} = 1/a_{ij}$。

（二）新型农村金融机构脆弱性测度的指标体系的设计

在查阅了大量的阅读文献之后，以及在本章第二节对新型农村金融机构脆弱性产生原因的分析之后，通过直接访谈和邮件问卷的方式取得部分从事农村金融研究方面的专家、农村金融机构的管理人员以及银行管理人员的意见后，对吉林省新型农村金融机构脆弱性的影响指标进行了认真的筛选和补充，最后确定了影响新型农村金融机构脆弱性的指标体系，其中一级指标有 6 个，二级指标有 13 个，见表 4.1。

表 4.1　新型农村金融机构脆弱性测度的指标分析

目标	一级指标	二级指标
新型农村金融机构的脆弱性	流动性	现金比率
		存贷比率
		流动比率
	资本充足性	资本充足率
		核心资本充足率
	安全性	不良贷款率
		不良贷款预计损失率
		不良贷款预计损失抵补率
	盈利性	资产利润率
		利息回收率
	管理能力	法人治理结构
		员工的专业能力
		风险管理能力
		内控制度的健全性

确定指标权重，是层次分析法采用的一种整理和综合专家们经验的方法，它将复杂的问题分解成若干层次，由专家和管理者们对所列指标进行两两比较重要程度的判断评分，利用数学方法计算下层指标对上层指标的贡献程度，从而对得到的下层指标对总体目标和综合评价指标的重要性程度进行排列，首先

根据不同指标之间的重要性程度建立判断矩阵：

$$A = \begin{bmatrix} a_{11} & \cdots & a_{1j} \\ \vdots & \ddots & \vdots \\ a_{j1} & \cdots & a_{jj} \end{bmatrix}$$

其中 a_{ij} 代表第 i 个指标对第 j 个指标的相对重要程度。该判断举证具有如下性质：

（1）$a_{ij} > 0$　　（2）$a_{ji} = \dfrac{1}{a_{ij}}$　　（3）$a_{ii} = 1$

1. 构建判断矩阵。

本文通过问卷调查及走访的方式征求了专家的意见，根据专家对各影响因素之间的重要程度进行赋值，得出一级指标不同风险影响因素之间的判断矩阵，见表4.2。

表4.2　一级指标因素判断矩阵

	流动性	资本充足性	安全性	盈利性	管理能力
流动性	1	3	1/3	5	1/2
资本充足性	1/3	1	1/2	2	1/3
安全性	3	2	1	2	1/2
盈利性	1/5	1/2	1/2	1	1/5
管理能力	2	3	2	5	1

2. 计算判断矩阵中各因子的权重。

采用几何平均法来近似地进行排序，在这种方法下，首先将判断矩阵的每一行的 n 个元素连乘并开 n 次方根得到相应的数。这些数就构成了一个矢向量，经过规范化的处理后就得到了相对应的最大特征根 $\lambda_{\max}$ 的特征向量，进而我们可以计算得到 $\lambda_{\max}$。具体的步骤如下：

计算判断矩阵的各行各个元素乘积 $m_i = \prod\limits_{i=1}^{n} a_{ij}$　$i = 1, 2, \cdots, n$

计算 n 次方根 $\overline{\omega} = \sqrt[n]{m_i}$

对向量 $\overline{W} = (\overline{\omega_1}, \overline{\omega_2}, \cdots, \overline{\omega_n})^T$ 进行规范化 $\hat{\omega}_i = \dfrac{\overline{\omega_i}}{\sum\limits_{j=1}^{n} \overline{\omega_j}}$

$\hat{\omega} = (\hat{\omega}_1, \hat{\omega}_2, \cdots, \hat{\omega}_n)^T$ 为求特征向量。

求最大特征值 $\lambda_{\max} = \dfrac{1}{n} \sum\limits_{i=1}^{n} \dfrac{(A\hat{W})_i}{\hat{\omega}_i}$，$i = 1, 2, \cdots, n$，式中 $(A\hat{W})_i$ 为向量 $A\hat{W}$ 的

第 i 个元素。

以二级指标的判断矩阵为例来计算每个元素所占权重，可以得到一级指标的特征向量为 $\hat{\omega} = (0.2021, 0.1084, 0.2408, 0.0670, 0.3816)$，计算得到一级指标的最大特征值 $\lambda_{max} = 5.38$。

3. 判断矩阵的一致性检验。

通常成对比较矩阵是不一致的，但是为了能够用它的最大特征根的特征向量来计算权重，因此，其不一致的程度应该满足一定的范围。为了检测评判的可靠性或一致性，可以建立一个一致性指标。将层次分析法中由判断矩阵得到的最大特征值 λ_{max} 与 n 之间的差与 $n-1$ 的比值作为衡量判断矩阵是否一致的指标，一致性定义如下：

$$CI = \frac{\lambda - n}{n - 1}$$

为了确定判断矩阵的不一致程度的容许范围，度量不同阶矩阵判断矩阵是否满足一致性，Saaty 等引入了相对一致性的概念，即随机一致性指标 RI，其计算结果见表 4.3。

表 4.3　1–8 阶判断矩阵的 RI 值

n	1	2	3	4	5	6	7	8
RI	0	0	0.58	0.90	1.12	1.24	1.32	1.41

因此，当判断矩阵的阶数比大于 2 时，判断矩阵一致性指标 CI 与随机性一致性指标 RI 之比称为随机变量一致性比率 CR，即：

$$CR = \frac{CI}{RI}$$

根据该定义，我们判断一级指标的一致性，可知判断矩阵为 5 阶，所以 $RI = 1.12$，$CI = 0.095$。

$CR = 0.095/1.12 = 0.085$。同理，我们根据专家的问卷调查与对银行管理者的走访可以得到三级指标的判断矩阵。

表 4.4　流动性因素指标判断矩阵　（0.2021）

	现金比率	存贷比率	流动比率
现金比率	1	3	2
存贷比率	1/3	1	1/2
流动比率	1/2	2	1

流动性指标下的各因素权重：现金比率权重 = 0.5396，存贷比率权重 =

0.1634，流动比率权重＝0.2970。由一级指标的权重可以得到各指标因素的综合权重，现金比率的综合权重＝0.1091，存贷比率的综合权重＝0.033，流动比率的综合权重＝0.060，见表4.4。

表4.5　资本充足性因素指标判断矩阵（0.1084）

	资本充足率	核心资本充足率
资本充足率	1	1/2
核心资本充足率	1/2	1

资本充足性指标下的各因素权重：资本充足性权重＝0.5，核心资本充足性＝0.5。由一级指标的权重可以得到各指标因素的综合权重，资本充足率的综合权重＝0.0542，核心资本充足率的综合权重＝0.0542，见表4.5。

表4.6　安全性因素指标判断矩阵（0.2408）

	不良贷款率	不良贷款预计损失率	不良贷款预计损失抵补率
不良贷款率	1	3	5
不良贷款预计损失率	1/3	1	3
不良贷款预计损失抵补率	1/5	1/3	1

安全性指标下的各因素权重：不良贷款率权重＝0.6370，不良贷款预计损失率权重＝0.2583，不良贷款预计损失抵补率权重＝0.1047。由一级指标的权重可以得到各指标因素的综合权重，不良贷款率的综合权重＝0.1534，不良贷款预计损失率的综合权重＝0.0622，不良贷款预计损失抵补率的综合权重＝0.025，见表4.6。

表4.7　盈利性因素指标判断矩阵（0.0670）

	资产利润率	利息回报率	净利润
资产利润率	1	3	1/3
利息回报率	1/3	1	1/2
净利润	3	2	1

盈利性指标下的各因素权重：资产利润率权重＝0.2970，利息回报率权重＝0.1634，净利润权重＝0.5396，由一级指标的权重可以得到各指标因素的综合权重，资产利润率的综合权重＝0.0199，利息回报率的综合权重＝0.0109，净利润的综合权重＝0.0362，见表4.7。

表4.8　管理能力因素指标判断矩阵（0.3816）

	法人治理结构	员工的专业能力	风险管理能力	内控制度健全性
法人治理结构	1	5	4	3
员工专业能力	1/5	1	1	1/2
风险管理能力	1/4	1	1	1/3
内控制度健全性	1/3	2	3	1

　　管理能力指标下的各因素权重：法人治理结构权重 = 0.5487，员工专业能力权重 = 0.1109，风险管理能力权重 = 0.1059，内控制度健全性权重 = 0.2345，由一级指标的权重可以得到各指标因素的综合权重，法人治理结构的综合权重 = 0.2094，员工专业能力的综合权重 = 0.0423，风险管理能力的综合权重 = 0.0404，内控制度健全性的综合权重 = 0.089，见表4.8。对表4.1得到的权重进行排序，得到表4.9。

表4.9　一级指标权重总排序

排名	指标名称	综合权重
1	管理能力	0.3816
2	安全性	0.2408
3	流动性	0.2021
4	资本充足性	0.1084
5	盈利性	0.0670

　　由表4.9我们可以看出，在所选择的影响新型农村金融机构脆弱性的一级指标中，管理能力是最重要的影响因素。可见，对新型农村金融机构来说，机构自身的管理能力才是新型农村金融机构可持续发展的关键，同时还应该完善农村金融体系，激活农村金融市场，从而促进农村经济的发展。金融机构的安全性指标排在第二位，这表明只有金融机构在保证自身安全的前提下，才能更好地满足农村的金融需求，更好地服务农村，发展农村经济。由表4.2 ~ 表4.8得到二级指标的权重总排序，见表4.10。

表4.10　二级指标权重总排序

排名	指标名称	综合权重
1	法人治理结构	0.2094
2	不良贷款率	0.1534
3	现金比率	0.1091

排名	指标名称	综合权重
4	内控制度健全性	0.089
5	不良贷款预计损失率	0.0622
6	流动比率	0.060
7	资本充足率	0.0542
8	核心资本充足率	0.0542
9	员工专业能力	0.0423
10	风险管理能力	0.0404
11	净利润	0.0362
12	存贷比率	0.033
13	不良贷款预计损失抵补率	0.025
14	资产利润率	0.0199
15	利息回报率	0.0109

　　由表4.10可以看出，在二级指标中对新型农村金融机构脆弱性影响因素最大的是法人治理结构，表明最主要的脆弱性源头还是金融机构自身的制度结构与经营管理，同时新型农村金融机构的现金流动性也是重要的因素，一旦流动性不能满足日常需要，将会面临挤兑风险，这对任何一家金融机构来说都是致命的。

　　构建一套完善的评价新型农村金融机构脆弱性的指标体系是很重要的，这样我们可以更加了解金融该机构脆弱性产生的主要原因，便于我们采取有效的措施来规避风险、防范风险。

第五章　新型农村金融机构比较分析

第一节　村镇银行发展前景

一、我国村镇银行发展的历程及现状

2006年12月20日，为解决部分农村地区"金融真空"和农村金融服务不足等问题，银监会出台《关于调整放宽农村地区银行业、金融机构准入政策，更好支持社会主义新农村建设的若干意见》，调整和放宽了农村地区银行业金融机构的准入门槛，为配合服务"三农"，建立的新型农村金融机构包括村镇银行、小额贷款公司、资金互助社。考虑到我国经济发展的阶梯性，首先选择中西部地区的6个省（区）作为试点，即四川、内蒙古、甘肃、青海、吉林、湖北。2007年1月22日，银监会制定并发布《村镇银行管理暂行规定》，为村镇银行进入农村金融市场以及合法地位提供了法律依据。从2007年3月1日，全国首家村镇银行——四川仪陇惠民村镇银行在仪陇县金城镇正式挂牌成立，同时以惠民村镇银行为代表的第一批试点村镇银行，包括吉林东丰诚信村镇银行、吉林磐石融丰村镇银行先后成立。截至2007年底，首批6省的试点村镇银行共19家，其中四川3家，甘肃3家，青海1家，内蒙古1家，吉林5家，湖北6家。之后，不仅在中西部，而且在东南部地区也有村镇银行的试点。

截至2014年末，全国已开业的村镇银行共1254家，在这些村镇银行中80%的主发起人为城商行、农商行、农村信用社等地方中小金融机构，其中又以城商行为主，传统的大型金融机构对设立村镇银行的积极性不高。

从已经成立的村镇银行来看，大多数将其总部设在各试点地区的行政中心所在地，周边的金融和经济环境理想，商贸较为发达。从客观来看，这并不完全符合在金融服务空白地区布局的经营思路，村镇银行最终呈现"冠名村镇，身处县城"的格局。更有甚者，部分村镇银行没有专注小额农贷，而将目标

放在贷款金额比较大的小企业主及出口企业上，偏离了政策设立的初衷。

村镇银行作为独立的企业法人，具有自主决策权，遵守对一般银行业金融机构规定的各项原则。村镇银行本着"取之于农，用之于农"的宗旨，应调动一切积极因素为农村经济"输血"，努力解决农村地区资金供给不足的问题，为农村金融市场注入了"新鲜的血液"。

从本质上看，村镇银行是一类特殊的银行业金融机构，主要特点如下。

（一）规模小，门槛低，产权结构多元化

村镇银行实质是股份制商业银行，采取发起人设立方式，对持股主体作了规定：银行股东持股比例要比自然人、非银行企业法人及关联方合计持股比例高，即必须由银行业金融机构作为控股股东，其他关联资本均可出资但不能超过一定比例；村镇银行注册资本金相对较少，规定在县域设立村镇银行，申请注册所需资本金为300万元人民币，而在乡镇设立村镇银行，所需资本金最低限额为100万元人民币。

（二）负担小，决策快，运行机制灵活

村镇银行作为一种新型金融机构，无历史包袱，无遗留问题，整体运营负担小，资产质量高，资金运作快，大大减少了决策链的流转。在服务方面，针对不同客户设计出相应的产品和服务，及时充分掌握客户信息，根据每笔贷款具体情况适当简化程序，提高贷款效率。

（三）定位农村，本地化突出

村镇银行是专门为服务"三农"而设立的金融机构，其主要是为农村地区的农民、支农企业提供短期资金支持及理财服务；村镇银行的资金来源于农村，用于农村，不得跨区域放贷，只能在本区域内经营，这种区域限定性能够有效推动本地经济发展，减少本地资金外流。

表5.1　村镇银行主要特点

类别	金融机构
性质	村镇银行是独立法人，属一级法人机构，直接受银监会监管
规模	村镇银行规模小，具有社区性
发起人	股权设置：
1. 村镇银行最大股东或唯一股东必须是银行业金融机构；	
2. 最大银行业金融机构股东持股比例不得低于村镇银行股本总额的20%；	
3. 单个自然人股东及关联方持股比例不得超过村镇银行股本总额的10%；	
4. 单一非银行金融机构或单一非金融机构企业法人及其关联方持股比例不得超过村镇银行股本总额的10%。	

续表

类别	金融机构
业务范围	村镇银行业务范围广，包括：
	1. 经营吸收公众存款，发放短、中、长期贷款； 2. 办理国内结算、票据承兑与贴现； 3. 从事同业拆借、银行卡业务； 4. 代理发行、兑付、承销政府债券、收付款项及代理保险业务； 5. 代理政策性银行、商业银行和保险公司、证券公司等金融机构业务； 经银行业监督管理机构批准的其他业务。
服务对象	为当地农民、农业、农村经济发展和小微企业提供金融服务
服务特点	决策快、信贷机制运行灵活

资料来源：中国村镇银行研究报告（2010）。

二、村镇银行与其他类似金融机构的比较

作为新型农村金融机构，村镇银行具有银行业金融机构的共性，都办理存贷款等相关银行业务，但是村镇银行与其他金融机构也有着诸多不同。

（一）村镇银行与一般商业银行的比较

首先，注册资本要求不同。设立村镇银行的注册资本要求比较低，最低限额是100万元人民币，而设立城市商业银行注册资本相对较高，仅针对农村商业银行的最低限就高达5000万元人民币。其次，设立目的不同。村镇银行是国家为扶持农村地区金融发展而设立的，以服务"三农"为宗旨，立足村镇，服务小微，而一般商业银行则以营利为目的，追求利润最大化。再次，服务对象不同。村镇银行的服务对象是农村地区农民、农业、小微企业，针对的是低端市场，而一般商业银行则倾向以城市居民、优质大客户、垄断性企业客户为服务对象，发展的是高端市场。最后，地域要求不同。村镇银行要立足县域，不能跨区域提供有关金融服务，而一般商业银行虽没有明确限制地域范围，但主要着眼于县域以上区域发展。村镇银行在服务"三农"方面具有独特的优势，管理层级少、自主决策权大，能够及时掌握当地金融需求，促进农村经济的发展。

（二）村镇银行与农村信用社的比较

两者都服务于"三农"，业务大体相同，但也有较大的不同。首先，性质不同。村镇银行是独立法人，具有公司性质，股东以其所占份额依法享有收益权、决策权，并承担相应的义务，而农村信用社则是合作制组织，具有合作性

质，主要是为社员提供资金和服务。其次，管理结构不同。村镇银行实行的是公司制，设有股东大会和董事会，而农村信用社则设有社员大会和理事会。最后，各自优势不同。村镇银行作为新型金融机构，没有历史包袱，决策迅速，经营灵活，而农村信用社历史久远，具有坚实的人缘地缘，客户群稳定，网点覆盖面广，有着深厚的基础。两者可以优势互补，共同促进农村地区的经济发展。

（三）村镇银行与小额信贷公司的比较

两者都是公司制企业，都办理小额信贷业务，但也有显著的差异。首先，业务范围不同。村镇银行可开办经批准的各项银行业务，具有综合性，而小额信贷公司只能办理小额信贷业务，不能办理其他银行业务，即业务范围较窄，具有单一性。其次，出资人不同。村镇银行由银行业金融机构发起，自然人、非银行业金融机构都可出资，是正规的银行业金融机构，而小额贷款公司则是一般企业，对主体没有严格限制，任何自然人、企业及社会组织只要符合规定都可出资设立。最后，性质不同。村镇银行是银行业金融机构，从事银行相关业务，而小额信贷公司则是工商企业，只办理小额信贷业务。两者在一定条件下也可以转化，2009 年 6 月，银监会出台的《小额贷款公司改制设立村镇银行暂行规定》中明确规定，依法经营，无不良信用记录，坚持服务"三农"，投放"三农"的贷款比例达到规定的小额贷款公司，都可以改制成村镇银行。

由此可见，村镇银行既具有与其他银行业金融机构同样的特点，又具有自身独特的优势，能够很好地适应农村地区的金融发展。

三、我国村镇银行发展中存在的主要问题

（一）村镇银行定位存在偏差

对于村镇银行来说，市场定位的准确与否直接关系到村镇银行的经营模式、发展前景等问题。市场定位可以从经营范围、服务对象两个方面来体现。

从经营范围来分析，在我国的农村金融市场中存在着高、中、低三个层次，这三个层次是按贷款人的信贷规模等因素划分的。高层次是由农业发展银行占据，农行分担市场的小部分，主要集中在东南沿海的农村地区；中层次市场是由农行和信用社占领，集中在我国的中部农村地区；低层次则占了整个农村金融市场的 70%，这个层次力量最薄弱，金融供给严重不足，是最需要金融支持的部分。根据银监会的意见，村镇银行的成立正是为了弥补我国低层次市场的金融空白。由于村镇银行属于商业性质的金融机构，所以在利润的驱逐下，也会倾向于在高、中层市场做业务。但在中、高层市场中，农业发展银

行、农业银行、信用社优势明显，村镇银行不具有竞争优势，如果一味挤进中、高层市场中，结果会事与愿违。所以村镇银行从开始就要坚持服务低层次市场的原则，即"贷农、贷小"。

从服务对象来分析，村镇银行的服务对象主要应是侧重温饱型农户兼顾由温饱向小康型农户、农村地区的小企业过渡，这样才能真正解决农村地区的融资难问题。但是由于农户类型没有明显的界定限制，所以村镇银行很容易偏离最初设定的服务对象。我们可以借鉴孟加拉国乡村银行的模式，其对小额贷款农户有明显的限制：有资格贷款的农户拥有的土地要少于 0.5 英亩，如果家里没有土地，那家中拥有的财产不能超过等值于 1 英亩土地的价值，否则不予贷款，而且每户只限贷款 1 人。这样的规定明显是将小额贷款对象固定在少地、少钱、生活没有保障的贫困农民。

由于村镇银行是"自主经营，自担风险，自负盈亏，自我约束"的独立的企业法人，部分发起人或出资人必然会把实现利润最大化作为自身最大的追求目标。而农民作为弱势群体，农业、农村经济作为风险较高、收益较低的弱势经济，受自然条件和市场条件的影响巨大。在农业保险严重缺乏的情况下，村镇银行在利益的驱使下很难实现"从一而终"的经营初衷，他们可能会逐渐偏离服务"三农"和支持新农村建设的办行宗旨，寻求新的市场定位。在此情况下，发生在农村地区的国有商业银行信贷资金"农转非"现象将不可避免地在村镇银行重现。

（二）村镇银行资金来源有限

银行资金的来源渠道可以分为两类：一是公众与企业的存款；二是存款以外的资金。然而这两方面对于村镇银行来说都是"瓶颈问题"：一是吸储困难；二是存款以外的资金来源也受限。

村镇银行设立于我国农村地区，是农民自己的银行，是"穷人的银行"，然而这些地区受自然条件和经济繁荣程度的限制，居民的收入水平不高，农民和乡镇中小企业闲置资金有限，再加上农村信用合作社的激烈竞争，客观上制约了村镇银行存款的增长。同时，村镇银行成立的时间较短，品牌价值较低，人们更愿意、更放心把钱存入国有商业银行、邮政储蓄银行、农村信用合作社等金融机构。另外，村镇银行网点少，缺乏现代化设备，使其对农村居民缺乏足够的吸引力，致使村镇银行吸收存款十分困难。

由于在一些领域的政策配套没有完善，存款之外的资金来源渠道也受阻。比如，村镇银行的结算系统没有和人民银行联网，所以同业拆借无法进行；村镇银行和信用社的作用一样，但是没有享受到相同的优惠政策，缺乏政府方面的资金支持；村镇银行的业务受限，无法进行金融债券的交易，无法像商业银行一样进行外部融资。这些因素都导致了村镇银行只能从储蓄业务中吸收资金。

（三）风险管理和控制体系不健全

首先，我国村镇银行设立在经济基础薄弱的农村地区，服务对象主要是农民和农村的中小企业，农民收入水平普遍较低，由于缺少抵押品，信用意识不强，导致了村镇银行经营环境风险较大。其次，村镇银行在风险评估、风险预警等方面，以定性评价为主，大多依靠传统的经验和简单的方法技术，无法满足业务发展要求，难以充分体现市场定位和经营理念的独特性。再次，村镇银行的治理结构简单，容易引发道德风险，村镇银行从当地招聘来的工作人员素质相对不高，简单培训便上岗了，多数员工风险意识较差，缺乏风险管理的经验，信贷员很容易感情用事，利用贷款审批决策简单的特点进行违规操作，这也增加了村镇银行的经营风险。

（四）征信管理系统不完善，生存环境差

2008 年 4 月，中国人民银行、中国银监会《关于村镇银行、贷款公司、农村资金互助社、小额贷款公司有关政策的通知》中明确了"具备条件的四类机构可以按照中国人民银行有关规定加入人民币银行结算账户管理系统和联网核查公民身份信息系统。符合条件的村镇银行可以按照中国人民银行的有关规定申请加入大额支付系统、小额支付系统和支票影像交换系统"。但是，在实际操作中，村镇银行加入征信系统还有很大的阻力。只有极少数的村镇银行加入了人民银行的这些现代化系统，多数村镇银行无法使用完备的征信体系，从而给村镇银行的服务带来不便，这在一定程度上影响了村镇银行经营存款、贷款、国内结算、票据承兑与贴现等业务的正常开展。业务范围较窄，无法全面满足客户需求，村镇银行实际是在孤岛上生存，缺乏与外界的联系，生存环境较差。

（五）村镇银行盈利性与扶弱性存在矛盾

国家发展村镇银行既期望其为"三农"服务，又将其界定为商业性金融机构，因而村镇银行难以兼顾支农惠农扶弱性与商业化盈利性。农户金融需求具有分散化、小额化的特点，农户缺乏有效抵押担保品，农户农业生产收入受自然及市场影响很不稳定，这些使得村镇银行经营成本高、风险大、收益低。村镇银行在这样的金融市场约束下，支农积极性不高。大多数村镇银行都设立在经济、金融、商贸较为发达的市县城区所在地，名为村镇实处县城，服务面上较难深入乡镇村区域。村镇银行放贷的主要对象是县市企业、城镇居民等群体，而不是农村普通农户、个体户、微小企业等群体，村镇银行也"嫌贫爱富"。另外村镇银行的信贷产品不能满足农村多样化的需求。

第二节　资金互助社发展前景

一、农村资金互助社的特征

（一）符合国际合作制的基本原则，是真正的合作金融组织

农村资金互助社是我国真正意义上的农村合作金融组织，符合国际合作制的四大基本原则：自愿、民主管理、互助合作、非营利性。

1. 自愿原则

资金互助社不仅从制度上保证入社的自愿，在实践中也严格遵循。资金互助社不同于农村信用社，它产生于农民真实的自身需求。

2. 民主管理原则

资金互助社社员的产权、股份大致均等，因而基本享有均等的管理权，经营决策采取一人一票制。资金互助社具有较完善的法人治理结构，通过民主选举产生社员代表大会、理事会及监事会，三会各司其职，实现民主管理。

3. 互助合作原则

资金互助社以服务社员为宗旨，其建立目的在于满足广大农户的金融需求，促进农民增收，实现社员的共同利益。

4. 非营利性原则

资金互助社并不以营利为经营目标，在实现金融联合基础上达到生产联合和合作经营，增加农民收入。虽然在实践中，资金互助社需要一定的营利以维持日常经营管理，但这并不是对非营利原则的否定，而是在其发展面临现实的困境下做出的选择，目的在于实现自身更好更快的发展。

（二）农村资金互助社是社区性的合作金融模式

资金互助社的建立往往以成员所在的社区为基础，而中国传统乡村社会在社区内存在着较稳固的社区规范，长期形成的社区规范激励社区成员诚信的经济行为。此外，资金互助社的成员大都是社区内相互信任的农户和农村小企业，以集体合作和共同分享实现互助，这种基于社区规范的合作互助是生产和保险的共同体，能够大大降低合作的风险。同时社区规范的惩罚机制在一定程度上抵制社员违约行为的发生，有效地替代抵押担保所发挥的作用，从而降低农户信贷活动的违约风险，保证信贷资金的安全。非制度信任是农村资金互助

社运行的基础，而社区规范是其健康发展的必要条件和重要保证，也是资金互助社相较于其他金融制度安排的制度优势。

（三）多以农民专业合作社为基础产生，两者相辅相成

农村资金互助社多以农民专业合作社为基础产生，两者相辅相成。以农民专业合作社为依托开展资金互助，进入成本较低，当前农村资金互助合作主要以"1＋1"模式发展，即"专业合作社＋资金互助社"。资金互助社融入资金后再低息贷给专业合作社社员，用于其扩大再生产，这样资金互助社便为专业合作社的发展提供了资金支撑，既提高了资金互助社的资金利用率，又有助于专业合作社的健康发展，对构建新型合作金融体制起了促进作用。此外，两者的合作能有效地增强农户的民主意识和诚信度，营造互助合作、和谐共进的人文环境，逐渐推进农村经济的健康发展。

（四）农村资金互助社是微型金融机构

农村资金互助社是微型的金融机构，渗透到农户和农村小企业间，分散地存在于广大的农村地区，它的微型渗透特性是正规金融机构难以替代的。鼓励发展符合农村地区实际情况、适应农村经济发展需要的多样化的微型金融服务，正是中央基于我国农村实情而提出的一大政策。中国农村经济发展呈现较大的不平衡性，在广大的中西部农村地区，中下层农户数量居多，且尚有几千万未脱贫。农户的分布范围广且分散、数量多、组织化程度低。基于此，应当鼓励发展多样化的金融组织，而资金互助社作为微型合作金融的代表，能有效满足农户和农村小企业的资金需求，使他们更快捷和低成本地获取金融服务。

二、农村资金互助社的类型

根据笔者的调研和对相关文献资料的分析，我国的农村资金互助社大致可划分为四种类型。

第一类是基本依照银监会的规定设立，同时经过银监部门批准，持有金融许可证的资金互助社，也即是我们通常意义上的资金互助社。截至 2012 年 6 月，这类资金互助社总计 49 家。

第二类是以农民专业合作社的名义在工商局或民政局注册，取得营业执照，实际开展资金互助服务的资金互助社。在这类资金互助社中，一部分虽未经过银监部门批准，但仍是按照《示范章程》等相关规范性文件设立的，相较通常意义的资金互助社，它在股权设置、组织架构等各方面基本相同，只是没有银监部门颁发的金融许可证；另一部分则游离在制度管理之外，缺乏一定的规范性。

第三类是在农民专业合作社内部发展信用合作的资金互助社。政府在政策上鼓励和支持有能力的农民专业合作社在社内开展资金互助。截至 2012 年，在全国 60 万家农民专业合作社中，大约共有 21 万家在其内部进行资金互助的合作。

第四类是在国务院扶贫办和财政部的倡导下，在全国范围内的 140 个贫困村推行"贫困资金扶助项目"而设立的资金互助社。这类资金互助社并没有工商部门颁发的营业执照及银监部门的金融许可证，因而未被纳入这些相关部门的监管。

三、农村资金互助社的制度优势

（一）机制灵活，有信息对称、交易成本低的优势

相较其他金融机构，农村资金互助社机制灵活，存在信息对称、交易成本低的优势。我国正规金融机构在农村地区主要服务于中小企业，少有直接面向农户的服务，而资金互助社的服务对象却是参社的所有社员，离广大农户的金融需求最近。同时，资金互助社往往存在于农村一定的地域范围内，彼此都比较了解，具有信息对称的优势，能有效降低信贷风险。从资金互助社的运行情况看，贷款的回收率也很高。

资金互助社利用农村熟人社会私人间的非制度信任，能有效地解决信息的不对称问题，降低信息搜寻的成本及防范违约的监督成本，减少资金互助社的运行成本。相较正规金融机构，大部分的资金互助社并没有专业化的营业场所，营业场所一般由社员无偿供给，由政府资助，或只支付了较少的租赁费，雇用的管理人员和工作人员的专业程度不高，其工作的奉献性较强，薪酬较低。从以上方面，资金互助社在一定程度上有效地降低了其交易成本。

银行机构在经营过程中，为防范风险而采取抵押担保等措施，手续烦琐，而资金互助社存贷款的主体都是社内社员，手续快捷，操作灵活，得到农民的喜爱。

（二）是真正的农村合作金融组织

相较农村信用社，农村资金互助社是真正的农村合作金融组织。农村信用社经人民银行批准、由社员入股设立，实行民主管理，为社员提供金融服务。但改革开放 30 多年来，农村信用社的发展却出现了严重的异化。从运行机制上看，农村信用社在实践中逐渐更多地偏向商业银行运行模式，服务"三农"的程度非常有限。而农村资金互助社是在合作社的基本原则基础上建立的农村合作金融组织，从它的章程制定和实际运行来看，完全符合合作社的基本

原则。

（三）有风险低、稳定的优势

相较民间借贷，农村资金互助社有风险低、稳定的优势。民间借贷在一定程度上有效地弥补了农村正规金融机构金融供给不足的缺陷，缓解了农村金融服务的供需矛盾，在解决农户的小额资金需求、为农户灵活应对突发状况提供资金支持、实现农民增收和农业经济发展等方面起到了促进作用。但由于民间借贷一直处于地下，操作不规范，缺乏有效监管，风险控制差。而资金互助社具有法人资格，合法经营，存在较高的稳定性。此外，资金互助社建立了内外结合的风险防范机制，内部严格规范借贷流程，建立信用档案、提取风险准备金，外部从资金规模、人员素质、监管力度等方面进行风险防范，能有效地约束经济主体行为，保证资金的安全，规避风险。

四、与其他农村金融机构的比较

（一）与传统金融机构的比较

由于农户的信贷需求具有"额度小、收益低、周期长、风险大、缺乏抵押财产"等特征，商业金融机构为了追求利润最大化、减少经营风险、降低交易成本，一般不愿意向农户贷款。在向农民提供金融服务时，农村资金互助社与农村信用合作社和中国农业银行，在经营目的、服务对象、贷款难易程度等方面具有显著的差异。

（二）与其他新型农村金融组织的比较

村镇银行、贷款公司、农村资金互助社作为三类新型的农村金融机构，在市场定位以及发展方向方面还是有所差异的。村镇银行因为其出资人多为商业金融机构，适合建立在农业经济相对发达的地区，能有效满足种植、养殖大户的金融需求。但是村镇银行的本质仍然是股份制的小型社区银行，其经营规模一旦扩大，就会遵循利润最大化的原则，渐渐疏远农村特别是小农户。贷款公司的出资人要求资产规模不低于 50 亿元人民币，且由投资人一次足额缴纳，因此其融资能力也很强，能够有效满足农村地区具有发展潜力，并具备一定规模的农村企业和大农户的信贷需求。然而，对于农村贫困群体的信贷需求，贷款公司就难以满足。农村资金互助合作社主要是服务于乡（镇）、行政村的农民和农村小企业，在解决农村信贷供给不足问题上，相比前两类金融机构，更加具有针对性以及扶贫性。因此，农村互助社的设立标准、监管条件更加宽松。农村资金互助社的资金主要来源于社员，也服务于社员，能更有效地解决农村贫困地区的信贷缺失问题，是名副其实的农村合作金融组织。并且，前两类农村金融机构发放的贷款一般是用于生产性支出，而农村资金互助社不仅能满足农民的生产性支出，也提供消费性的贷款。

（三）四类农村资金互助组织的比较

从法律保护方面来看，第一类由证监会批准成立的正规农村资金互助社法律保护相对完善，有《农村资金互助社示范章程》和《农村资金互助社管理暂行规定》作为其合法经营的依据；第四类扶贫资金互助社虽然不受银监会的监管，但由于其服务对象以及财政专项扶持的特殊性，其运营受到国家扶贫办和财政部设立文件的保护；第三类依托于农民专业合作社成立的资金互助社，虽然受到政府文件的鼓励，但是缺乏明确的法律政策保护，使得这类资金互助社处于半公开的状态，目前与其他农民专业合作社一起归到县乡政府的农经站管理；而第二类农民依托于当地社区自发成立的农民资金互助社完全没有法律保护，面临随时被取缔的风险。

从资金来源的角度看，第二类资金互助社在存款利率的设置上相对灵活，可以将存款利率设置在官方存款利率以上，有利于吸收当地农户的存款；第三类资金互助社虽然存款利率与农信社差别不大，但是其社员的闲置资金数量庞大，资金来源也相对充裕；第一类资金互助社其资金来源主要是社员股金、社员存款以及对外借款，由于存款利率不具有吸引力，同时相对商业金融机构缺乏竞争力，所以社员存款所占比重很小，而对外借款也缺乏有效的信用担保和必要的技术条件。第四类扶贫资金互助社的资金来源主要由是财政拨款，平均每个行政村只有 15 万元左右，并且不允许对外吸收存款，其资金来源最有限。

从经营成本的角度看，后三类资金互助组织不需要支付营业场所的租金，只需要象征性地支付给工作人员低微的报酬，因而极大地降低了经营成本；而正规的农村资金互助社必须按照《暂行规定》的要求，有正规的营业场所、安全防范设施以及必要的通信设施等，因而运营成本相对较高。

从满足农民信贷需求的角度看，前三类互助组织都没有限定借款的用途，只要有当地农户按照规定对其借款进行担保，其获得的借款既可以用于生产性支出，也可以用于消费性支出。第四类扶贫资金互助社其服务的对象都是极端贫困的群体，考虑到今后还款的压力，限制了其借款必须用于生产性支出。这种限定回避了贫困群体所存在的消费性信贷需求，然而消费性信贷恰恰是贫困群体最需要满足的。

通过将正规农村资金互助社与其他农村资金互助组织进行对比可以看出，正规资金互助社的优势在于法律保障相对完善，然而，其经营成本却显著地高于其他三类资金互助组织，并且其存款利率受到严格限制，不利于融资。因此，在农村资金互助社今后的发展过程中，应当首先考虑如何拓展资金来源，同时降低其经营成本。

扶贫资金互助社虽然不受银监会的监管，但是其资金来源以国家扶贫资金为主，经营范围受到限制，并且不允许吸收存款。所以，只要扶贫资金互助社在扶贫办的监管下，如果能够做到"经营范围不超过本村，不吸收公众存款"等要求，就没有必要将其纳入银监会的监管范围。

另外两类农民资金互助社相比扶贫资金互助社，资金规模更大，专业化运作程度更高，并且能够吸收公众存款。因此，有必要对其进行引导，纳入银监会的监管范围。当然，这种引导是保持其正常经营运作的前提下开展的。

纳入银监会的监管，主要会带来以下几方面的"不利"问题：

（1）农民资金互助社的"转正"需要银监会的批准，会增加申报获批的时间成本以及相关的手续费用；

（2）需要达到银监会的准入门槛，具有较高的固定成本以及经营成本；

（3）存款利率受到严格限制，不利于吸纳资金；

（4）相关税费会增多。

因此，要想将非正规农村合作金融组织纳入银监会的监管，应当从两方面入手。一方面，尽量减少制度障碍，简化申报流程，降低准入门槛，允许存款利率小幅度调整，减免相关税费；另一方面，加强政府扶持力度，提供低息贷款，健全法律保障机制以及风险保障机制。只有这样既减少了农民资金互助社纳入监管的成本，又增加了"转正"后获得的实实在在的收益，才能从根本上解决非正规资金互助社缺少监管的难题。

五、农村资金互助社存在的问题

（一）资金管理不规范

资金管理不完善表现在并没有制定相应的资金管理制度和没有专业管理人员进行有效管理，仅仅只依靠村委会的相关干部和会计进行资金互助社的管理，从社员入股管理到日常管理都不是很规范。仅仅停留在贷后回收的状态，并没有从其他融资渠道进行融资管理。在社员入股管理方面存在的问题是农户由于自身经济条件有限，不能按照自己所需的贷款资金来入股，从而限制了入股股数，资金来源管理出现问题。根据《农村资金互助社管理暂行规定》的相关规定，农村资金互助社实行民主管理，应按照规定成立理事会和监事会，并举行社员代表大会，定期向社员汇报资金放贷和回收情况，以及合作社盈利状况和会计报表等。但是根据调查，一些农村资金互助社并没有按照规定成立相应组织，而且农村资金互助社的负责人也是图方便直接由村委会的领导兼任，甚至根本就没有披露相关的财务情况。

另外农村资金互助社也没有定期的资金来源，仅仅依靠社员的入股，难以拓宽渠道吸收更多的资源。而且某些农村资金互助合作社的相关负责人仅仅只记录贷款情况，没有制定相关的管理办法来规范剩余资金的情况，而且对于放贷出的资金在年初放出在年底收款，没有任何贷款管理和分红。

（二）缺乏风险控制

目前农村资金互助社面临的风险主要有信用风险和管理风险两个方面。信用风险体现在由于农村资金互助社面对的是农户，而农村资金互助社并没有完善的机制来建立农户的信用档案，部分农民因为缺乏信用意识或其他原因而不能及时还款就会产生信用风险。而管理风险主要来源于内部管理和外部监督管理，并没有安排特定的专业管理人员进行有效管理，仅仅是依靠村委会的相关干部和会计进行资金互助社的管理，也没有制定相应的管理制度来规范运行。从互助社的外部监管来看，监管部门不明确、管理手段单一都是农村资金互助社风险存在的原因。经调研发现，95%以上的农村资金互助社并没有建立风险控制机制。目前农村资金互助社在农村具有较好的发展空间，随着农村经济的发展和广大农民对资金的需求，现有的资金规模并不能保证农民的需求，向外部扩大信用规模是趋势，但这又势必会增加资金风险、信用风险，这些都是资金互助社将要面对的问题。

（三）发展速度缓慢

从2008年到2014年，我国农村资金互助社发展的时间为6年，在这6年的发展中，农村资金互助社本身的运行规范程度还是比较低的，而且农村资金互助社起到的作用并不明显。调研发现，农村资金合作社每年的贷款总额为50万元到100万元，在这有限的贷款数额中，只有一部分农户能有效利用这些资金进行农业生产以及其他生产的发展，而其他入社成员单纯依靠入股并没有什么收入，而且多数农户只是用于反复贷款，并没有有效地利用贷款资金，没有从根本上实现这些贷款资金的价值。在调研过程中发现，依靠贷款在一定程度上增加收入的人只占5%左右，多数社员还是依靠干农活或者其他打工收入实现增收。

（四）发展环境不完善

发展环境不完善主要体现在制度缺失和没有法律保障。银监会针对农村资金互助社问题发布了《农村资金互助社管理暂行规定》，但是关于农村资金互助社的性质、管理、制度安排、产权问题等都没有进行明确的规定，而且对于地方性农村资金互助社的成立和发展并没有有效的指引文件，许多省份70%的农村资金互助社都没有进行相关注册，进而无法得到相应的政府扶持和法律的保护。除此之外，也没有相应的法律来规范农村资金互助社实际的运行管理。农村资金互助社的发展除了要得到政府相关的政策支持外，还应该依靠基层的管理者和具体实施者贯彻落实政策，使农民从根本上得到实惠。另外，培养农村资金互助社的管理人才也是当务之急，还要加强农民自身的认识，灌输思想，学习相关的知识，使农民在受惠的同时也能够高效利用这些资金，从根本上提高生产效率、改善生活水平，从而推动整个新农村建设。

（五）融资渠道单一，发展空间有限

多数农村资金互助社的全部资金来源于政府扶持和社员入股，在发展过程中也仅仅是依靠吸引更多的农户入股壮大资金总额，这种方式并没有从本质上改变资金互助社的规模，缺乏与商业银行、农村金融机构和乡镇企业等的合作，不能很有效地满足农村的贷款需求。农村资金互助社在一定程度上解决了农民小额的贷款，但是并不能从根本上促进农民利用资金贷款来实现自身富裕，这除了资金太少的原因，农民自身的意识和知识水平也存在很大不足。农村资金互助社是作为一种缓解农民贷款难问题而产生的，是为了满足农户的贷款需要，而部分农民把政府的扶持当作了一种无偿的收益，只是把政府的扶持资金握入手中，并没有深刻意识到农村资金互助社的实质，也没有真正意识到，要想发展新农村，改变农村地区的面貌，脱贫致富，还需要农民在政府的扶持下依靠自己的力量创造，而不是一味地依靠政府扶持。

第六章 新型农村金融机构
可持续发展的保障机制

第一节 财税激励机制

财政政策补偿金融，金融扶持经济，就是国家把扶植农业经济发展的补贴和保护政策更多地通过农村金融的扶植和补贴来改善农村金融的融资环境，增强农村金融抵御风险的能力和信用创造功能，发挥对社会资源的优化配置作用，并把对金融的补贴以激励金融降低利率、改善贷款条件、增强信贷额度、扩大贷款范围等方式，输导给需要扶持的农业和农村经济部门，从而达到提高农村经济发展效率的目的。

一、财政直接补偿与间接补偿

在财政政策方面，通常有两种补偿形式：一种是直接补偿，即通过投资、资金配套、直接补助、奖励、减免税负等一系列方式，把资金补贴到靠农村自身投入难以解决或单靠市场调节难以解决的重点项目和关键领域，发挥政策的导向性作用，积极引导社会资金投向，鼓励农民增加农业投入。由于直接补偿侧重解决社会公平问题，需要大量的财政资金，故前提是财政实力雄厚。另一种是间接补偿，即通过财政补偿金融，以金融为中介，把财政优惠政策传递给农业和农村经济部门。间接补偿利用金融渠道把财政补贴资金间接注入农村经济的好处在于，把财政资金和金融资金结合起来，优势互补，既发挥了财政资金对农业的补偿作用，又发挥了金融机构的信贷扩张作用，特别是利用财政对金融的支持，克服农村金融的竞争劣势，发挥市场的导向作用，使社会资金流向经济结构急需调整的农村产业部门，从而有效地解决现阶段农业投入不足的问题。从我国农村现实来看，间接补偿的效果优于直接补偿，这种方式实现补偿农村经济的影响范围相对较广，能够利用财政税收杠杆的作用推动数倍于财政资金的注入，并以较少的财政资金支出推动数倍于财政资金的注入，因此，就我国农村经济发展而言，财政间接补偿是首选。

二、财政补偿金融的主要政策措施

财政对农村金融的政策补偿，在目前情况下以提高金融的创造功能，增强其对"三农"的信贷意愿为出发点，从而取得比财政对"三农"的直接补偿更多的经济效益。财政主要采取以下措施。

（一）免除营业税或部分免除营业税

可以对新型农村金融机构发放的小额农户贷款或涉农贷款给予免除营业税的税收政策优惠。采取此种方法有利于对新型农村金融机构为支农而牺牲的利润和承担的风险进行合理补偿，调动他们支农的积极性。

（二）加大存贷款利率补贴

政府应通过干预利率的结构，把它作为补贴的一种途径。

第一存款利率补贴。在存款利率之外，财政给予金融机构的存款人一定比例的利息补贴。在新型农村金融机构存款不足的情况下，对存款利率补贴有利于增加储蓄总量。

第二贷款利率补贴。财政对银行特定对象的贷款低于正常贷款利率的差额进行利息补贴。贷款利率补贴是把政策的优惠传递给借款人，借款人是受益人。财政通过贷款利率补贴政策发挥政策调节作用，引导银行资金向农村流动，贷款向农业产业和农村相关产业倾斜，校正市场自发调节的不足。例如，我国对政府确定的涉农优先扶持项目等政策性业务实行财政全额或部分贴息，引导金融机构多向农村发放贷款。

第三建立农贷资金合理的补偿机制。我国农业生产力水平和农村经济的市场化程度都低，农业的自我积累功能低下，积累效益差，造成投入的资金不能较快地形成投资收益，投资主体投入的积极性遭到打击。因此必须建立合理的支农贷款项目的财政配套机制、农业贷款的保障机制和农村金融的利益补偿机制，调动投资主体的积极性，保障农业投资的连续性、有效性，降低投资的风险，使有些项目的投资回报率能够基本达到全社会平均利润率水平，吸引更多的金融机构对农业产业的投资。

第二节　货币金融政策激励机制

货币政策调控就是中央银行通过再贷款、再贴现、利率、存款准备金、信贷窗口指导等多种货币政策工具对农村金融给予必要的支持。在目前农村金融机构相对劣势的情况下，人民银行安排支农再贷款，实行灵活的利率政策、较低的存款准备金政策，提高农村金融机构筹措资金的能力，有利于缓解农村资金紧张状况，更好地为"三农"服务。

一、再贷款政策应倾斜新型农村金融机构

以前人民银行对农村信用社和农业发展银行都发放过大量的支农再贷款，支持他们摆脱困境，更好地支持"三农"。今后应不断改进和完善支农再贷款政策，将一部分再贷款贷给新型农村金融机构，更好地发挥支农再贷款的作用。农村金融再贷款政策包括以下几项。

（一）支农再贷款

中央银行不仅要逐年增加支农再贷款总量，而且要优化再贷款的结构，确保再贷款的使用效率。中央银行通过发放支农再贷款，可以发挥贷款投向的导向作用，引导资金进入这一信贷领域，从而有效缓解支农资金不足问题。

（二）紧急再贷款

在发放支农再贷款的同时，中央银行还应发放紧急再贷款，以及时解决金融机构出现的支付问题。由当地政府出具担保函，再由存在支付缺口的金融机构向中央银行申请紧急再贷款支持，专款专用，用于保证存款的正常支付。

（三）发放专项再贷款

中央银行通过发放低成本的专项再贷款，由地方政府承贷，弥补资不抵债的情况。2010 年人民银行和银监会联合印发《关于鼓励县域法人金融机构将新增存款一定比例用于当地贷款的考核办法（试行）》中规定，达标且《关于鼓励县域法人金融机构将新增存款一定比例用于当地贷款的考核办法（试行）》规定，达标且财务健康的县域法人金融机构，可按其新增贷款的一定比例申请再贷款，并享受优惠利率。其中所称的"县域法人金融机构"，特指法人在县域的存款类金融机构。事实上，法人在县及县以下的，只有村镇银行、农村资金互助社和农信社，这里不包括农村商业银行和农村合作银行。可见，这一再贷款政策的受益者多为新型农村金融机构。这一办法对县域法人金融机构总行进行整体考核，适用范围为中部地区的山西、安徽、江西、河南、湖北和湖南，西部地区的内蒙古、广西、重庆、四川、贵州、云南、陕西、甘肃、青海、宁夏和新疆，东北地区的辽宁、吉林和黑龙江共 20 个省（区、市）的全部辖区，以及东部地区的国家扶贫开发重点县和省级扶贫开发工作重点县。

二、更加市场化的存贷款利率政策

利率作为信贷市场资金的价格，利率是供求双方行为依据的信号。农业的弱质性、农户的分散性和乡镇企业经营的不稳定性，增加了金融机构向其提供贷款的交易成本和信贷风险。自负盈亏的新型农村金融机构涉农贷款必然要求更高的利率作为风险的补偿，而贷款特别是农业贷款利率受到严格限制，无法弥补风险，金融机构自然不会将贷款发放给农村，且会缩减农村业务。因此，要想使金融机构回归农村市场，吸引资金流向农村，必须抓紧研究降低农村金融抑制的措施，加快利率市场化改革步伐。对于农村资金价格，理论界存在两种看法：一种是传统思维，认为粮食重要、农业重要，越重要越要有优惠，所以对"三农"的贷款利率制定得比较低。但是农村小额贷款笔数多、成本高，统计数据显示违约率并不低，如果贷款利率不能遵照市场原则，而是采用行政定价，农村金融机构就不能用利率覆盖风险，农村金融机构很难保证财务质量并持续存活。另一种则赞同放开利率管制，实施利率浮动区间。农村金融改革中，很重要的一条就是要求实施比城市更快的利率市场化，即农村贷款利率的浮动区间要比城市更宽，使农村金融机构首先可以存活，然后再逐步扩大业务，使"三农"和农村金融两方面都能得到发展。在推动利率自由化及提高金融机构的经营效率方面，要注意两点：一是考虑到国内特别是农村金融机构尚无自行制定利率的经验，又欠缺决定利率的适当参考指标，所以中央银行在利率市场化推动上，宜采取渐进的方式给予指导，最后将利率交由金融机构自行决定，视客户的信用状况及资金用途，在贷款利率上弹性加减，存款利率也交由农村的市场决定；二是修改法律上有关利率的限制和规定，并在这些法令尚未修改前，在法律允许范围内尽可能提供金融机构特别是农村金融机构的存贷款利率的上限，并扩大下限的幅度，尤其要尽可能通过溢价覆盖贷款风险。农业产业具有经营风险大、周期长、盈利水平低、生产分散等特点，农村金融的交易成本和资金的使用成本都比较高，实施严格的利率管制非常不利于农村金融机构的发展，是农村金融市场建设的障碍。

三、采取差别的存款准备金制度

存款准备金制度是中央银行依法通过调整商业银行向中央银行缴存存款准备金的比率，改变货币乘数，影响货币供应量的一种政策工具。自 1984 年中国人民银行专门行使中央银行职能以来，存款准备金率已多次调整，而且央行越来越成熟地运用存款准备金这一货币政策，适时进行宏观调控。

2008 年，人民银行和银监会联合发布《关于鼓励村镇银行、贷款公司、农村资金互助社、小额贷款公司有关政策的通知》，该通知规定：现阶段，农村资金互助社暂不向中国人民银行缴存存款准备金，村镇银行的存款准备金率比照当地农村信用社实行差别存款准备金率。此项规定有利于村镇银行在目前存款准备金率较高的情况下，少缴准备金，更多发放贷款，也可以降低资金成本。2010 年人民银行和银监会联合印发《关于鼓励县域法人金融机构将新增存款一定比例用于当地贷款的考核办法（试行）》，办法规定县域法人金融机构中可贷资金与当地贷款同时增加且年度新增当地贷款占年度新增可贷资金比例大于 70%（含）的，或可贷资金减少而当地贷款增加的，考核为达标县域法人金融机构。年度新增可贷资金是年度存款扣减年度应缴法定存款准备金变动额，在按 75% 的存贷比减算后，所能用于发放贷款的最高资金额度。达标县域法人金融机构，存款准备金率按同类金融机构正常标准 1 个百分点执行。达标且财务健康的县域法人金融机构，可按其新增的一定比例申请再贷款，并享受优惠利率。达标县域法人金融机构，监管部门优先批准其新设分支机构和开办新业务的申请。此办法从降低存款准备金率和增加再贷款等多方面对县域金融机构给予支持，表明了监管机构对"三农"支持的决心。新型农村金融机构基本上都是县域金融机构，而且目前农村合作金融机构只有信用社为县域法人机构。所以，这一政策主要是对新型农村金融机构，新型农村金融机构应充分利用这些优惠政策。

第三节　保险保障激励机制

农业是抵御自然灾害能力最差的弱质产业，受自然因素影响较严重。我国在社会主义新农村建设的重大决策中，要尽快建立确保农村金融良性运行的社会保障体系，把农业保险、农村金融机构存款保险、农村金融法律保证和金融监管等纳入完善农村金融体系的总体规划，增强农村金融机构风险能力，为"三农"发展撑起一把保护伞。现阶段农业保险体系建设主要应开展以下几方面工作。

一、加强农业政策性保险体系建设

农业保险是指被保险人在农业生产经营过程中，因遭受自然灾害或意外事故使牲畜、作物发生死亡或损毁的经济损失，由保险人给予一定经济补偿的一种保险。从生产对象的角度一般分为种植业保险和养殖业保险。农业保险是稳定农业生产、保障经营者利益的有力手段，它提高了农业经营者的收益保障程度，有利于改善农业和经营主体的经济地位，便于其获得贷款，引导农业金融资源的流入，促进农业生产扩大规模，提高集约化生产水平和降低资金融通成本。在加拿大、法国及日本等国家，农业保险早已成为政府支持和保护农业的重要手段，并分别建立了相应的立法。我国自1982年中国人民保险公司试办农业保险以来，农业保险业务一度得到了快速平稳发展，但由于农业保险回报率低，缺乏必要的政策支持和法律法规依据，加之保险公司实行商业化经营，业务重点也转向城市，农业保险业务日趋萎缩。农业保险的缺位，制约了金融机构开展农村信贷的积极性，为了改善农村金融环境、强化农业保障制度，要发挥政府在农业保险体系建设中的主导作用，加快农业保险立法工作，实行农业保险业务的税收减免，强化农业保险的信贷支持，建立农业巨灾保险基金，从金融政策上支持农业保险体系的建立。

近几年来，我国农业保险发展迅速，承保品种已覆盖农、林、牧、渔业各方面，开办区域已覆盖所有省份。2011年，全国农业保险共承保农作物及林木作物17.9亿亩，同比增长148.3%，其中水稻、小麦、玉米、大豆、棉花等主要农作物承保面积7.87亿亩，增长49.2%，占当年种植总面积的40%左右；共承保牲畜7.3亿头，增长15.3%；参保农户1.69亿户次，保险总额6523亿元，分别增长20.2%和65.4%；支付保险赔款89亿元，受益农户2283万户次。农业保险已成为国家支农惠农政策的重要组成部分，受到广大农户的普遍欢迎。

为了规范农业保险活动，保护农业保险活动当事人的合法权益，促进农业保险事业健康发展，国务院制定了《农业保险条例》，自2013年3月1日起实行。该条例规定，农业保险是指保险机构根据农业保险合同，对被保险人在种植业、林业、畜牧业和渔业生产中因保险标的遭受约定的自然灾害、意外事故、疫病、疾病等保险事故所造成的财产损失，承担赔偿保险金责任的保险活动。为使国家对农业保险的支持措施规范化、制度化，该条例规定：一，国家支持发展多种形式的农业保险，健全政策性农业保险制度。二，对符合规定的农业保险由财政部门给予保险费补贴，并建立财政支持的农业保险大灾风险分散机制，具体办法由国务院财政部门会同有关部门制定。三，鼓励地方政府采取由地方财政给予保险费补贴、建立地方财政支持的农业保险大灾风险分散机制等措施，支持农业保险。四，对农业保险经营依法给予税收优惠，鼓励金融机构加大对投保农业保险的农民和农业生产经营组织的信贷支持力度。

二、积极推进存款保险制度

（一）存款保险制度概述

存款保险制度是指一国或一个地区在金融体系中设立存款保险机构，强制地或自愿地吸收银行或其他金融机构缴存的保险费，建立存款保险金，一旦投保人遭受风险，由存款保险机构向投保人提供财务救援或直接向存款人支付部分或全部存款的制度，这是保护存款人利益，维护银行信用，稳定金融秩序的一种制度。

存款保险制度产生于 20 世纪 30 年代金融大危机以后的美国，其成立的宗旨是：重新唤起社会公众对银行体系的信心，保护存款者的利益，监督并促使银行在保证安全的前提下进行经营活动。

存款保险制度要求商业银行按存款额的大小和一定的保险费率缴纳保险费给存款保险机构，当投保银行破产或经营发生支付困难时，存款保险机构在一定限度内代为支付。如美国联邦存款保险公司可以给每一个账户的保险金额最高为 25 万美元。

目前各国存款保险制度的组织形式主要有三种：一是政府设立的存款保险机构，典型的代表是美国。按照 1933 年《格拉斯—斯蒂格尔法案》建立的美国联邦保险公司下属 6 个分公司，负责办理存款保险公司的具体业务，并执行对投保银行的监管。二是政府与银行联合成立存款保险机构。日本的存款保险机构属于此类。20 世纪 70 年代初，日本公布实施《存款保险法》，设立存款保险机构，强制大部分民间金融机构加入存款保险机构。该存款保险机构最初的资本金为 4.5 亿日元，分别由日本银行、政府和民间机构各负担 1.5 亿日元。三是银行出资自己成立存款保险机构。1976 年，当时的联邦德国银行业协会自行计划出资成立了存款保险机构，制订了存款保险和理赔计划。

存款保险制度的诞生是 20 世纪金融业创新的成果，由于其行使相应的监管职责，起到了保护银行体系稳定的作用。同时，不可回避的一个结果是，由于存款保险公司的存在，银行对从事高风险投资的担忧在减少，甚至在一定程度上刺激了银行进行高风险的投资，从而加剧了道德风险。

（二）存款保险制度的积极作用

1. 保护存款人利益

存款保险制度设计的初衷是针对银行挤兑事件所产生的对银行不信任局面而创设，其根本目的是维护国家金融体系的安全稳定。但无论其根本目的如何，保护存款人利益都是存款保险制度的基本价值之一。保护存款人利益体现在其存款得到偿付的制度安排和节省存款人作为债权人监督银行的成本支出两个方面。存款人可事先根据存款保险制度的安排，分散现有存款集中存放于某一家银行的做法，从而避免"鸡蛋都放在一个篮子里"的弊端出现。一些国家为了避免存款人道德风险和逆向选择的问题，都采取一定最高限额的承保原则，使大额存款人不能获得全部的赔偿，从而调动其参与对存款银行的监督，也起到了分散存款保险机构的风险作用。节省存款人作为债权人监督银行的成本支出，同样是以保护存款人的利益为根本目的。存款人作为债权人需要对债务人的信用和还债能力进行实时监督，但当前的制度安排，使其缺少这种权力，比如银行贷款都要求对贷款者进行信用、还款能力进行评估，而且还要监控贷款人对资金使用的方向和用途，以及要求贷款人提供相应资信证明的动态管理。而当前存款人却没有相应的制度安排获得对应的权力，当然如果对等提供类似的权力，又因为存款人多数不具有判断银行信用、风险等的能力，而且一对一的监督会增加成本支出，同时也是低效率和不对称的。小额存款人的监督成本与其收益相比更加不经济，因此通过授权委托专门的机构进行专业化的监督和风险控制，便可以节省债权人分散监督债务人的成本支出。存款保险机构通过最基本职能的行使——征收保险费，就可以实现简单的而一般存款人所不能做到的工作。通过确定不同风险等级来征收不同的保险费，对银行进行风险评级并进行动态管理，通过最为简单的评级就可以使存款人监督银行的权力得到落实，如果银行风险等级高，存款人不需要等到银行破产就可以通过随时提取存款来保护自身利益，同时根据风险等级选择自己认为合适的银行，对银行化解风险，降低风险评级是一个直接的促进，还可以间接保证存款人的利益。

2. 维护金融体系的安全与稳定，避免或化解金融危机

存款人在隐性的存款保护制度下，缺乏足够的信心和法律层面的保护，受限于政府政策的极大影响。在隐性的存款保护制度下，一些国家发生的银行破产清算案件中，都实行的是全额赔付的国家担保。由于这种制度的固有缺陷，并不能解除存款人对其存款得不到补偿或者多少比例的补偿的担忧，同时使存款人缺少对自己存款理性的风险分散情况下的预期安排，存款人的利益多数都是在盲目和无序的状态下进行的自我救济。而这种制度下的自我救济最为合理的做法就是将存款从银行中取出，无论是大银行还是小银行。当这种对银行风险影响自身存款安全的认识形成存款人的共识之后，大面积提取存款的做法就会导致挤兑事件的发生。如果事前明确了发生银行经营不善导致银行无法按时兑付存款，则由存款保险机构为其提供流动性安排，即使最终走向破产清算也

可以由存款保险机构代为赔偿存款。这种制度安排使存款人事前有明确清晰的预期保障，特别是有一个足够强大的国家信用作担保，使存款人无需为单个问题银行的经营风险而产生对稳健经营的多数银行风险的怀疑，进而不会形成对整个金融体系的冲击。存款保险机构的职能不仅在于问题银行的处理和处置上，作为保险经营机构，应当将重心放在风险的防范上，通过对加入存款保险体系的银行进行存保资格审核，可以将风险控制不符合要求的银行拒之门外，促使其积极改进，达到存款保险制度要求的资格，这个过程中使暂时不能达标的银行因为没有加入一个足够存款人信任的体系而陷入信用危机，而不断改善经营控制风险从而获得继续经营的可能。当其不能按照存款保险制度要求达标时，存款保险机构应当拒绝这类银行加入，因为市场信息传递，存款人不能信赖该银行会使其失去足够的存款，最终退出金融市场。这种功能可以使无法达到合理风险控制水平的银行自动退出市场，也是市场优胜劣汰法则的体现，从而避免问题银行对整个金融体系稳定经营的冲击和影响。另外通过存款保险机构专业的实时监控风险，可以及时发现苗头性问题，防范问题的扩大和蔓延，通过有效率的处置方式，帮助某些出现问题的银行走出经营困境，防止问题银行走向破产，化解单个投保银行带给整个金融体系的冲击。

3. 完善银行退出机制，提高市场经济效率

在我国，随着经济发展，银行的属性不再是单一的国有性质，还广泛存在着股份制、私营制银行等。在隐性存款保险制度下，破产银行的退出往往都是依靠国家财力作为最终承担者，这实际上是用全民的财富为破产银行进行债务清偿，以国家财政作为兜底，不仅使民众产生不满，而且容易使银行所有者丧失风险控制的底线。存款保险制度按照风险等级征收保险费用，实际上是利用银行所有者的资金来为其自身承担赔偿费用，这从逻辑上是符合责任承担原则的，而不是在隐性存款保险制度下，由国家的全民财富为一些银行的经营失败而承担责任。在存款保险制度发展过程中，存款保险机构并不是单纯的付款箱功能，其还有风险控制的功能。存款保险机构被定位于一个对破产清算银行进行代为承担赔偿责任而向存款人支付存款的角色，其在职能定位上有更多新的选择。同时在银行退出机制上，也不仅仅简单地进行破产清算，而是通过其他调控手段来确保社会效益的最大化。如美国 FDIC 在处置问题银行时就遵循"成本最低"原则，具体的处置方式分为三种：一是直接将存款支付给存款人，行使付款箱功能。二是通过收购与承接问题银行，促成经营健康的其他银行等金融机构购买问题银行的资产，通过招标等方式选择出价高的银行来兼并吸收问题银行，这样可以避免直接采取破产清算使其强制退出市场带来的成

本，原先的经营管理人员可以得到留用，原有的存贷款秩序多数可以得到维持，而不是强制性中断，这对存款人的信心和整个金融体系的稳定也是非常重要的。三是对银行持续经营提供救助，对出现流动性危机的单个银行提供资金支持，帮助其获得应对当前危机的能力，避免其经营恶化的后果。

此外存款保险机构专业化的处置经验积累以及必要机构和人员的存在，也使得对问题银行的处置更加高效，从而可以节省通过临时组建人员建立应对机构和组织的不必要成本，持续性的风险控制使得存款保险机构在处置问题金融机构的成本上最低，无论是信息还是既有资料的积累以及人员的熟练技能都是临时机构不能比拟的。

4. 为中小银行提供一个公平竞争的环境

银行作为负债经营的企业，经营的规模和实力，在很大程度上取决于其吸收存款的数量。没有存款，银行便失去了生存的条件，所以银行之间的存款竞争是非常激烈的。大银行在吸收存款的竞争中，有着得天独厚的优势，原因是大银行一般历史较为悠久，实力较为雄厚，在社会上有一定的影响，因此人们愿意把钱存到大银行，这样比较安全。因此中小银行在存款竞争中处于劣势，没有存款银行就无法生存和发展。而存款保险制度恰好是保护中小银行公平竞争的有效措施之一。存款保险在一定程度上可以淡化大银行的某些优势，让存款人认识到无论将钱存入大银行还是小银行，存款保险制度对其保护的程度都是一样的。在存款保险制度的保护下，中小银行可以平等地加入竞争，有利于打破少数大银行的垄断局面。

（三）我国存款保险制度的发展状况

虽然我国以前没有建立存款保险制度，但中国人却是世界上最爱存钱的，因为我国一直实行着"隐性存款保险制度"。银行经营困难由政府救助，救助失败破产了由政府兜底偿还，这么看来我国银行几乎是世界上最安全的银行。但不公平之处在于，政府救助银行的资金来源于税收，国家承担着银行经营不善的风险，并由纳税人变相为此埋单，这也造成了银行平均不良贷款率居高的状况。

隐性存款保险对银行有利，显性存款保险对储户有利。我国早在 1993 年就提出要建立存款保险制度，2007 年该制度几乎推出，但终因 2008 年的国际金融危机而搁置。直到 2014 年 11 月，存款保险制度意见稿才正式发布。

（四）我国存款保险制度的内容

1. 基本组织形式采取集中统一的方式

目前，尽管世界各国存款保险制度在多个方面存在差异，但是有一点是完

101

全一致的，即中央在全国范围实行高度集中、统一的存款保险制度。这是由于金融的基本组织形式也必须高度集中，权力集中于中央，范围覆盖全国，统一组织、统一制度、统一操作运行。

2. 存款保险机构体制的构造宜分步进行

从各国的情况看，存款保险机构的最终模式一般是一个具有独立法人资格，保持商业组织形式的金融监管机构，即具有自有资本、独立核算、自主营运，同时中央银行给予贷款资助，并授予一定的风险监管权力。我国农村金融存款保险机构的发展目标也应参照这一模式，其好处是：机构本身权力与责任明确、利益与风险对称，按照商业化原则经营，能够保证较高的运行效率和较强的发展活力，避免纯粹行政机关化的诸多弊端。另外，存款保险机构与中央银行分离，即可摆脱其对中央银行的依赖，又可真正起到净化中央银行职能的作用。但是从我国现实情况看，建立独立的存款保险机构经验不足，改革成本较高，运行起来的阻力和摩擦较大，因此，这一改革不宜一步到位，需要分步进行。

3. 应赋予存款保险机构多重职能

单一化职能就是机构的职能仅仅限于补偿存款人的利益损失，以维护社会信用秩序，最初存款保险制度就是直接针对这一点设立的，可以说这是存款保险机构最基本的职能。但是，随着存款保险制度的进一步发展，几乎所有国家的存款保险机构职能都出现了多重化，其中美国是典型代表。美国联邦存款保险公司除提供存款保险外，还提供清偿能力紧急援助，接管即将破产倒闭的银行，负责破产倒闭银行的合并、转让，同时还拥有一定的行政性监管职能，如签发对某些违法业务的终止令，撤换银行董事或停止经理职权及终止保险资格，检查被保险银行的业务是否违规、贷款是否安全并做出相应的处罚。

（1）保险救助职能。这是存款保险机构最重要的职能，当金融机构出现经营风险时，存款保险机构动用保险基金对出现清偿力危机的银行进行救助，防止出现挤兑风波和破产倒闭引起"多米诺骨牌效应"、导致银行业出现系统性风险。如果救援失败，存款保险机构通过保险基金补偿存款人损失，保护存款人利益，重振公众对银行体系的信心。

（2）接管破产金融机构。存款保险机构接管破产金融机构的资金，通过市场化手段进行重组。通常使用的市场化手段主要有：一是转移投保存款。存款保险机构将破产金融机构的投保存款转移到另一家经营良好的金融机构，存款保险机构支付一定的现金给接收机构。二是资助兼并收购。存款保险机构出资支持经营良好的金融机构对破产机构进行兼并收购。

（3）监管职能。为使存款保险机构的监管职能与中央银行的监管职能互不冲突，存款保险机构的监管职能更应侧重于监测银行业的风险状况、进行银行业信用评级以及对有问题和倒闭的金融机构保险存款进行转移与赔偿的处理。事实上，在对倒闭或破产的银行进行风险管理时，存款保险制度与中央银行的援助并不冲突。存款保险制度在银行业自我救助与中央银行最后救助之间设立了一个缓冲带，可以有效缓解中央银行的救助压力，是中央银行最后救助的有益补充。

4. 明确存款保险对象和加入方式

存款保险对象应将所有的农村金融机构都应纳入投保范围。至于加入方式，各国存款保险基本上有三种形式：第一种是强制保险，即依法规定金融机构必须向存款保险机构投保，如日本、加拿大等国。第二种是自愿投保方式，如德国、意大利等国。第三种是强制与自愿相结合，如美国，法律规定联邦储备体系成员的州银行必须参加联邦存款保险公司的存款保险，非联邦储备体系的银行以及其他金融机构可自愿参加。我国农村金融体系的存款保险应该是无条件的、强制性的投保。

第四节　新型农村金融机构可持续发展对策

一、完善法律法规加大政府扶持力度

已经出台的村镇银行支持政策要落实到位。人民银行对村镇银行的支农再贷款政策的覆盖面继续扩大，村镇银行是农村金融的重要力量，支农再贷款有助于缓解村镇银行资金紧张的问题。进一步放松对村镇银行的利率管制，开展村镇银行利率市场化试点。将村镇银行纳入全国支付结算体系和存款保险体系，允许村镇银行进入同业拆借市场，开通征信系统。国家财税政策继续为村镇银行提供支持。各级地方政府应给予村镇银行人力、财力和物力上的支持。鼓励县以下单位将各种涉农资金、财政资金存入村镇银行，以解决村镇银行开业前期资金不足的困难。

为了降低小额贷款公司的经营成本，使其健康有序的发展，应该加大政府的支持力度，给予一定的政策上的优惠。可以适当减免或者减少小额贷款公司缴纳的各项税费，例如营业税、印花税等税费，以缓解其税负负担，降低融资利率，适当补贴坏账损失。应当考虑放松对小额贷款公司的利率管制，实现其利率市场化。如果小额贷款执行与大额贷款相同的利率，会缩小小额贷款的盈利空间。国外经验表明，只有实施利率市场化，由市场上的供求双方共同决定贷款利率，才能满足客户的需求，限制需求方超额配置资金，减少资金滥用行为的发生。对于经营绩效良好，内控制度健全，真正服务"三农"和中小企业成绩显著的小额贷款公司可以优先批准增资扩股。应当在农村地区落实存款保险制度，设立政策性的存款保险公司，对吸收公众存款的小额贷款公司进行强制保险，使其在陷入困难和破产时可以动用保险基金，实施及时的资金救援或存款理赔，避免挤兑现象的发生，从而保证客户的存款安全，增强客户信心，提高小额贷款公司的认可度。

立法以保障资金互助在中国农村的合法地位，作为正规金融的补充，农民资金互助是经济发展过程中解决融资难问题的一条重要途径。应该像保护农民合作社一样保护农村资金互助社。各级财政部门要逐步建立专项担保资金，以支持提高农村资金互助社向大银行融资的信用；各级财政部门要在农村信用合作组织开办费、基础设施建设、贷款贴息、经费补助、重大灾害风险防范上给予优惠支持。免征农村资金互助社税金等相关费用。允许农村资金互助社的贷款利率在可行范围内进行更大幅度的浮动。

二、降低准入门槛放宽限制条件

针对村镇银行发起人数量不足以满足农村金融需求的问题，国家应出台相关政策适当放宽对于村镇银行发起人的资格限制条件，同时允许财务状况良好、资金雄厚、管理体系健全的非银行金融机构作为发起人发起设立村镇银行。尤其是在无法得到充足金融服务的地区，要进一步放宽对主发起人的限制条件，允许企业和自然人作为主发起人设立村镇银行。在此基础上加强对村镇银行业务的监管，制定适合村镇银行的业务监管指标，促使村镇银行真正为农村服务。

适当降低农村资金互助社的准入门槛以及经营管理标准，改善其准入和资金运行机制。现行农村资金互助社设立门槛太高，银监会规定在行政村设立农村资金互助社最低股本是 10 万元人民币，在乡镇设立标准更高。经济落后的中西部地区设立农村资金互助社的准入门槛受到了限制，至于农户想开展资金互助更是无从谈起。因此，银监会应该采取差别对待的策略，对经济发展水平不同的地区采取不同的政策。对于西部经济不发达地区，应降低准入门槛。例如，将西部地区农村设立农村资金互助社的注册资本降低到 5 万元。在经营管理上，现行农村资金互助社要严格按照商业银行的标准来运行。银监会规定农村资金互助社应实行审慎经营的原则，资本充足率按照商业银行的标准执行，即8%。较高的风险监管条件会使农村资金互助社审慎放款，提供给社员的贷款会减少，不利于社员发展生产，因此可以适当降低资金互助社的资本充足率。

三、拓宽筹资渠道解决因缺乏资金产生的问题

为了解决小额贷款公司后续资金无法得到有效、可持续供应的问题，我们可以从以下方面着手予以解决。可以给予小额贷款公司一些政策上的扶持。可以适当地允许国外相对安全的金融机构、基金公司等入股参股，保证小额贷款公司后续资金的持续性。要努力优化股东结构，通过多种渠道扩大资金来源，这点在《指导意见》中已有提及，股东人数可以相应地扩大。逐步取消抵押担保手续，提高融资比例。既然规定了小额贷款公司向金融机构的融资比例不超过净资本的50%，那么就应该充分考虑小额贷款公司平均的潜在经营风险。同时小额贷款公司的发起人大都是行业的领头人和佼佼者，所以按照相关规定的比例进行融资的风险在可控范围之内，办理抵押担保手续就失去了它的保障功能，也使得手续烦琐，办理时间过长，不利于融资的资金周转和效率。对于经营规范、效益良好、遵纪守法的小额贷款公司应适当放开融资比例，超过规定融资比例的部分可以进行抵押担保。可以建立与银行金融机构的合作关系，考虑与银行机构建立持久的伙伴关系以获得持续的批发贷款，逐步扩大融资渠道。中央银行也可以在对小额贷款公司进行风险评估之后向其进行再贷款，支持我国国民经济的建设。目前很多股份制银行和城市商业银行，对于小额贷款公司的发展前景和客户源都很看好，未来小额贷款公司将逐渐和这些银行进行合作，同时这些银行也很有可能将部分小额贷款业务"外包"给小额贷款公司。市场化机制是保障小额贷款公司资金来源的可持续性的关键。小额贷款公司在发展和完善的过程中，可以根据有关规定在一定的条件下转为正规金融机构，使其在吸收存款方面具有合法性，进而使资金具有可持续性。

给予农村资金互助社较大的存贷利率浮动幅度。鉴于农村资金互助社在吸收存款方面存在一定的困难，应允许其适当提高存款利率，从而吸引更多的储蓄资金。允许互助社扩大入股社员规模，通过增资扩股吸收更多存款。给予农村资金互助社使用人民银行支农再贷款的权利，因为资金互助社最能保证支农再贷款用于支持农业。允许农村资金互助社从银行及非银行金融机构拆借资金，建立农村资金互助社与正规金融机构之间的联系，加强在资金和信贷方面的合作。发挥资金互助社对农户的信息了解，发挥低成本的优势。出台大银行向农村资金互助社批发资金的具体政策，以补充农村资金互助社的资金。

105

四、优化改革发挥自身优势

村镇银行公信力低的原因有很多，其中一个重要的原因就是村镇银行在为农村服务方面还没有得到认可。村镇银行没有真正做到为"三农"服务，所提供的金融产品和金融服务还不能适应"三农"发展的需要。要想提高村镇银行的社会认可度，达到吸收更多存款的目的，村镇银行要努力完善自我，通过信贷产品创新，为农民提供切实可行的金融服务，这样的村镇银行才会被认可和接受。

小额贷款公司的工作目标和任务，应该优先服务于"三农"，重点服务薄弱的偏远涉农地区。基层、偏远农村金融服务缺位等问题的解决有赖于小额贷款公司的建立和完善。因此，为了真正做到服务"三农"，应该通过各种减息减税等优惠政策吸引此类公司在农村地区设立网点。小额贷款公司还要通过完善自我，克服自身缺陷以提高其可持续性。要严格防范关联股东通过各种各样的方式联合起来操纵小额贷款公司，阻碍其健康有序的发展。股东应该以法人股东为主，对于持有股份不同的股东要进行合理配置，可以允许管理层持有少量股份使股东成员安排更加合理。根据公司的实际情况，制定相匹配的管理体系。对于股东人数多，经营规模大的小额贷款公司，应当完善其管理体系，健全其相应组织部门，即设立股东大会、董事会和监事会。董事会负责制定公司经营的战略决策，对股东大会负责；股东大会负责商议公司重大事件并对其进行表决；监事会负责监督权力的正确履行以及公司的运营状况。采用清晰可行的贷款管理体制，对信贷审批过程以及贷款流程进行严格监管，减少信贷风险。建立科学有效的绩效评估制度和约束激励制度。对公司所有人员进行绩效考核评估，对于不同职责、不同岗位的员工采取不同的考核方法，并将考核结果与奖金的发放，薪酬水平以及职位的升迁联系起来，不断提高公司的抗风险能力。公司可以根据自身实际情况聘请专业人士运用更为科学有效的方法对公司进行管理以提高企业效益；同时也要提高内部人员的专业知识与技能，可与当地相关金融机构如人民银行、银监部门和发起人合作，聘请专业人士针对银行的经营管理、所从事的各项业务等方面进行系统、全面的培训，进而提高公司员工的职业素养。

五、完善监管体系实行差别化监管

对于不同类型的新型农村金融机构，应该根据机构性质对其实施分类监管。对村镇银行采取差别化监管政策，区别于商业银行的监管要求，适当放宽对村镇银行的监管力度、监管要求和监管标准。对于小额贷款公司来说，我们要确定其准金融机构的法律地位，接受银监会和人民银行的监管和指导，对其实施有效的监督管理，以利于其长期健康发展。降低农村资金互助社的准入门槛，制定适合于农村资金互助社特点的监管方式和监管手段。同时要把农村资金互助社与其他金融机构区别开来。鉴于农村资金互助社的数量众多，超出了监管部门的能力，可以把资金互助社交给地方政府管理，银监部门实现有限的审慎监管。农村资金互助社股金要进行重点监管，防止变相高息揽储，要控制经营区域，明确受贷条件，严控资金运用。此外，要加强对从业人员的业务培训，督促农村资金互助社建立完整的管理制度和运行机制，通过制度和道德约束来降低经营风险。

六、改善农村金融生态环境

（一）大力推进农村经济发展

发展农村经济是改善农村金融生态环境的根本解决之道。长期以来，我国实行偏向城市政策的经济社会发展道路，约束了我国农村经济的发展。基于此，只有合理地统筹城乡经济发展，才能有效消除目前存在的"二元结构"，切实促进农村经济发展。基本途径是推进城镇化进程以促进农村剩余劳动力的转化和发展现代化农业，推动产业结构的优化，提高农村经济的市场化程度，最终实现农村经济的可持续发展。

107

束缚我国农村经济发展的深刻原因在于过多的农村人口与过少的农业资源之间的矛盾，实现农村剩余劳动力向非农产业的转移是解决"三农"问题的根本途径。因此必须大力扶持发展中小企业，可通过培养农业龙头企业，带动上、下游企业的发展，创造新的就业空间，使就业结构更趋合理。目前，发展现代农业已成为我国农村经济社会发展的重要产业支撑，也为从根本上改善农村金融生态环境提供了物质保证。因此必须改变农业生产的产前、产中、产后各个环节的科技含量，使农业生产能适应变化的市场需求，释放农业的增长潜力。同时，要注重培育区域特殊主导产业，提高产品竞争力和比较利益，并通过建立相应的机制，有效连接农业生产与市场，大幅提高农业生产效率，推进农业现代化。

（二）优化农村金融环境

农村金融在农村经济发展中处于关键地位，优化农村金融环境对于促进农业和农村经济发展有着重要作用。农业生产周期长，不确定性大，对资金期限要求长，但金融机构出于对资产安全性、盈利性的考虑，提供贷款期限一般较短，难以满足农村资金使用率，不能保障农村经济体系内资金的稳定及有序流转。同时应不断创新农村金融业务，促进信贷业务的发展。如可将供应链金融应用到农业贷款中，形成农业供应链金融。此外，应健全农业保险市场，通过建立健全的农业保险市场来分散、转移村镇银行、资金互助社等新型农村金融机构的贷款风险，切实有效地保障广大农民的根本利益。首先，政府部门可以宏观调控利率、税收、信贷政策等，同时制定配套措施，大力实施"三农"保险计划。其次，针对农户文化程度普遍较低的现状，各级政府部门应当充分发挥本部门的组织领导职能，加大保险知识宣传力度，积极发动农户参与制订相应保险计划并参保。再次，由于各地区的情况各不相同，应不断开发适合本地区的保险险种，满足各类型的保险需求。最后，国家应尽快制定完善包括《农业保险法》在内的有关"三农"保险的各项法律法规，保证经营团体或个人以及监督机构有法可依，有法必依。

（三）完善农村政策环境

为构建动态平衡的农村金融生态系统，政府应通过宏观政策和经济手段对农村金融市场进行调节，并保持行为的适度性。首先，政府应保证宏观政策的明确性、稳定性及连续性，使得金融市场的各方都能树立起对政府的信心并对未来形成长期稳定的预期，因为政府不稳定的政策会激发市场参与者的短期行为，增加整个体系的风险。其次，由于农业是弱势产业，农村是落后地区，农民是弱势群体，相对于其他金融机构而言，服务于"三农"的新型农村金融机构承担了更多风险，政府应对其提供更多的优惠支持，具体可通过给予一定财政补贴、利率优惠以及对涉农贷款给予一定的税收减免来鼓励新型农村金融机构的业务发展，这样既可以降低农民、农村企业的信贷成本，也减少了新型农村金融机构的经营风险。

此外，地方政府对新型农村金融机构的过多干预是其脆弱性生成的重要原因。当前应根据实际情况，按市场方向加快地方政府职能的转换工作进程。适度的政府干预和调控对于农村经济发展是必不可少的，但需明确政府与市场的边界，政府干预和调控的目的只是为了克服市场失灵，不应对村镇银行等新型农村金融机构的经营管理造成影响。此外，地方政府应该适时适当地提高公共服务水平。

（四）积极改善农村信用环境

信用脆弱是新型农村金融机构面临的主要脆弱性之一，我国广大农村地区在信用文化建设、守信激励机制和失信惩罚机制上严重缺乏。迫切需要依据我国新型农村金融机构生存和发展的客观情况，建立适当的社会信用体系，主要是社会征信体系、社会信用评估体系以及失信惩罚机制的建设，改善农村信用环境。

第一，社会征信体系的建设是我国信用制度建设的首要任务

我国的征信体系建设始于 20 世纪 90 年代，但到目前为止还很不规范，征信活动缺乏法律和制度保障，征信信息不集中且相互独立等。因而，当务之急是建立并完善有关法律法规，切实做到依法向社会特别是信用中介机构公开信息，营造公开、公平的信息使用环境；加快建立农村企业和农户信用信息库，这可通过与工商、税务、公安等职能部门的协同合作来完成，以实现信用信息的共享；要促进专业化征信机构的形成，做大做强征信业，进一步加强相互之间的信息关心和合作，在条件成熟时成立全国性的企业、个人信用信息数据交换中心，防止因信息不对称而给行为人留下不守信用的空间；为信用产品营造良好的市场环境，推进信用产品成本的市场化。

第二，建立健全社会信用评估体系

加强并完善我国社会信用评估工作，应从提高各方的信用评级意识入手。具体可将信用评级结果与可贷资金挂钩，作为一项考核和监管指标，以提高企业和个人信用评估的积极性；加强我国专业性的信用评估机构的培育，允许跨省区金融资信评估业务，逐步形成几家全国性的信用评级机构，以提高信用评估的整体水平和社会影响力；制订一套通用于整个信用评估行业的信用评估框架、指标和方法，更加科学规范、客观合理、公平准确地进行信用评估工作。

第三，实施严厉的失信惩戒机制

失信惩戒机制是信用制度的核心。应加大对失信者违约行为的惩罚，增加其失信成本，才能有效遏制失信行为的发生。因为理性经纪人的行为选择是建立在权衡收益和成本的基础上的，如果违约的预期收益远远高于预期成本，就会发生违约行为。通过加大对失信行为的惩戒机制，提高失信者的违约成本来约束参与者行为，减少由信息不对称引起的逆向选择和道德风险。可将企业或个人的违约行为的严重性进行分类，并与后续的融资成本和融资额度相挂钩，根据不同类型实施不同的惩戒方法。视情节严重程度，将存在恶意逃债严重行为的企业和个人列入黑名单，并且停止对其一切的信贷业务，控制他们的正常经济交易，直至债务清偿完毕为止。

第七章 国外农村金融机构
创新实践与经验借鉴

第一节 发达国家农村金融发展

为了促进农村金融对农村经济的推动作用，充分发挥农村金融服务体系的功能，国外许多国家都采取了符合本国特点的农村金融模式（如表7.1所示），并制定了一些有利于农村金融发展的政策措施。这些国家关于农村金融体系改革和发展的经验，对我国农村金融服务体系的设计与创新具有重要的借鉴意义。本章主要介绍和总结美国、法国、德国、日本及孟加拉等国家农村金融服务体系建设的成功经验。

表7.1 各国农村金融模式的选择

国家	模式类型
美国	多元复合型模式
法国	国家控制式合作金融型模式
德国	典型合作金融型模式
日本	政府扶持下的合作金融型模式
孟加拉等发展中国家	小额信贷模式

资料来源：根据相关文献整理而得。

一、美国农村金融服务体系

（一）美国农村金融服务体系的概况

美国的农村金融体系属于多元复合型。经过长期的探索和不断的改革，美国已经整体上形成了多层次、全方位、分工合理的农村金融体系。其基本格局是：以商业金融机构及个人信贷为基础，以农场主合作金融的农业信贷系统为主导，以政府农贷机构为辅助。美国农村金融服务体系主要包括，功能完善的政府主导的农村政策性金融体系、农村合作性金融体系和农村商业性金融体系。各类金融机构分工明确、协调配合，共同为美国农村经济的发展提供资金支持等服务，较好地满足了美国农业和农村发展的资金需要，充分体现出金融在经济发展中的导向和支持作用。

1. 农村政策性金融体系

根据《农业信贷法》，美国形成了一个分工合理、相互配合的政策性金融体系。在联邦政府的主导下，美国创建了专门针对本国农业和农村发展提供融资的政策性金融机构。美国农业政策性金融的主要功能是，为农业生产及与农业生产有关的活动提供信贷资金和服务，并通过信贷活动调节农业生产规模，贯彻实施农村金融政策。表7.2是美国政策性金融体系的特点。

表7.2　美国政策性金融体系的特点

组织结构	资金来源	资金运用
农民家计局	预算拨款贷款周转基金	直接贷款、紧急贷款担保
商品信贷公司	资本金由国库拨付，有权借入200亿美元以内的款项作为信贷资金	贷款和支付补贴：农产品抵押贷款、灾害补贴、差价补贴、仓储、干燥和其他处理设备贷款
农村电气化管理局	由政府提供，设有农村电气化及电话周转基金	贷款担保
小企业管理局	国会拨款的周转基金和收回的贷款本息等	直接贷款、参与联合贷款、担保以及其他特殊信贷

资料来源：中国人民银行杭州中心支行金融研究处报告. 农村信用合作组织监管制度：国际比较与借鉴［R］，2010.

2. 农村合作性金融体系

合作性金融体系在美国的农村金融体系中处于主导地位，主要由联邦中期信贷银行、合作银行和联邦土地银行等组成。最初的农村金融合作组织是在政府领导并出资支持下，采用自上而下的方式建立起来的。其中，联邦中期信用银行是美国最重要的农业信用合作系统，主要解决农民中短期贷款难的问题；联邦土地银行系统由愿意向联邦土地银行合作社借贷的农场主组成，是农场主长期贷款的主要提供者；合作银行系统是美国专门为了给合作社添置设备、补充营运资金、购入商品等提供贷款而设立的。美国农村合作金融的具体发展情况见表7.3。

表7.3　美国农村合作金融发展情况

起源	结构	法律支持
1916年，美国政府通过农业信贷法，着手建立农业信贷系统，发展以农场主私有经济为基础的农业合作金融 1934年通过《联邦信用社法》，联邦政府随后成立了专门的信用社全国管理局（NCUAO） 1965年各州政府成立"各州信用社监督专员全国协会"（NASCUS） 1981年美国国民合作银行（NCB）被"私有化"为完全的合作所有性质	分为办理长期贷款的联邦土地银行和联邦土地银行协会；办理中、短期贷款的联邦中间信贷银行和生产信贷协会，以及对各种农村信用社提供资金的合作社银行	《农业信贷法案》（1916）； 《联邦农业贷款法案》、《联邦信用社法》（1934）；《农业新用法》（1955）

资料来源：中国人民银行杭州中心支行金融研究处报告. 农村信用合作组织监管制度：国际比较与借鉴［R］，2010.

3. 农村商业性金融体系

美国的商业银行遍布全国城乡，其主要功能是发放贷款，尤其是中短期贷款。在以联邦储备系统为核心的美国金融体系中，商业银行处于基础地位。按照美国联邦储备银行的规定，凡农业贷款占贷款总额25%以上的商业银行，可以在税收方面享受优惠。此外，联邦法律规定对部分商业银行的农贷利率提供利率补贴，同时美国还对农贷利率的有关标准进行了修改，这主要是为了防止商业银行出于营利目的而将农贷资金移出农村地区。

4. 美国的农业保险体系

在立法支持和财政支持的基础上，美国的农业保险体系逐步发展并完善起来，主要由联邦农作物保险公司、私营保险公司和农作物保险的代理人构成。美国农业保险体系成立的主要目的是，帮助农民应对农业生产面临的风险，稳定整个农村经济并确保国家食物供应安全。美国农业保险的运作主要分三个层次：第一层为联邦农作物保险公司，负责全国农作物保险的经营和管理；第二层为有经营农业保险资格的私营保险公司，负责经营政府推行并给予补贴的农作物保险业务；第三层为保险代理人和农险查勘核损人，由代理人进行销售、专业的核损人负责农险查勘核损工作。

（二）美国农村金融体系建设的经验借鉴

回顾美国农村金融体系的发展与改革历程，我们可以得到以下借鉴与启示。

1. 农村资金相对独立运作以防止资金的外流

首先，美国按照农作物生产把全国划分为12个农业信贷区，各农业信贷区内设立农贷专业银行，在农业信贷管理局的监督管理下独立经营，从而规范了农业信贷，有效地保证了农村信贷的相对独立性。其次，合理的农村金融体制保障了农村资金的相对独立运行。美国的农村金融体系是一个由多种金融机构组成的多元复合体，其组织体系健全。除商业性金融机构外，合作性金融自成体系（但要接受农业信贷管理局的监督和管理），和联邦储备系统及各联邦储备银行之间没有隶属关系；农业信贷管理局负责具体执行、日常督促和全面协调；政府农贷机构则直属于美国农业部，直接实施政府农业扶持政策。这种组织制度较好地保证了农村资金用于农村和农业，并可以根据不同阶段农业的不同发展目标，调节农业信贷方向和规模。最后，为了防止商业银行将农贷资金转移，联邦法律规定对部分银行的农业贷款利率提供利率补贴，并修订了农贷利率的有关标准。

2. 政府强大的资金与政策扶持

首先，为了促进农村信贷的发展，美国政府给予了大量的拨款。例如，美国政府农贷机构的资金绝大部分来源于财政的拨款或借款；联邦土地银行最初的股金主要是政府拨款形成的，占总股金的80%。商品信贷公司的基金全部由国库拨付。此外，美国还拨付款项以弥补商业银行的农贷收益差及政府农贷机构的政策性亏损。其次，美国运用政策性手段来支持农业、农村经济。例如，设立专门的农村金融机构，向农业和农村提供贷款，以弥补农业和农村信贷资金"缺口"；配合政府农业政策，提供特别的政策性贷款或补贴，以解决农业积累资金速度缓慢、农业和农村融资难等问题，有利于农业结构的调整和农民收入的提高。

3. 农村金融机构多元化，信贷渠道多样化

美国的金融体系庞大而又复杂，除了有商业性金融机构外，还有政策性金融机构、合作性金融机构，以及人寿保险公司等，这些多元化的金融机构既在竞争中生存，又在分工中互补。合作性农业信贷系统的建立，打破了早先商业性金融机构在农业信贷领域中的独占地位。同时，随着美国经济的发展及农业的现代化，农村金融机构以不同的优势在竞争中形成了一定的分工格局，发挥着互补的作用。

4. 完备的法律体系保证了农村金融制度的完善

农村金融规范有效的运作，离不开法律的保证。美国的农村金融已经具备了一套比较完备的法律体系。例如，美国颁布了《联邦农业贷款法案》《农业信用法案》等法案，把农村金融融合到其他相关的法律体系，使得农村金融的运作有法可依、有章可循，从而避免了行政干预等不规范现象。

113

5. 以发展正规社区银行来替代非正规金融

美国的社区银行与大银行有显著的区别，在很多方面，它们甚至更接近于我国的非正规金融中介机构，比如基金会、金融服务社和私人钱庄。社区银行的市场定位主要面对的是当地的家庭、中小企业和农户，而在发展中国家，这些群体是非正规金融的主要客户。社区银行的董事会往往都是由当地居民组成，他们的主要目标就是使社区银行为当地社区的发展做出贡献。社区银行的员工十分熟悉本地市场的客户，因此，在审批中小企业和农户的贷款需求时，不仅考虑客户的财务数据，而且更注重作为社员的借款人的性格特征、家庭构成、日常开销等个性化的私人信息。所以，它具有与非正规金融中介机构一样的信息优势，使得它的贷款决策比较灵活，无需层层审批，周期较短。社区银行的资金主要来源于吸纳本地存款，然后再贷给本地的中小企业和农户，从而把资金留在本地，服务于社区经济的发展。由此可见，美国的社区银行在很多方面具有与非正规金融中介机构同样的比较优势，并且同样以中小企业和中低收入家庭为主要服务对象。但是，与非正规金融中介机构不同，美国的社区银行在政府的监督和管理下发展起来，其经营和运作受到各种法律的规范，是正规金融的一部分。发达的社区银行有效解决了中低收入家庭和中小企业的融资难问题，它们在政府的监管、规范和帮助下，利用自身在信息和成本方面的比较优势，较好地填补了大银行和公开资本市场服务的空白区域，使那些被大银行和公开资本市场遗忘的群体可以借助于正规金融来筹资，从而有效克服了金融系统的二元化。

二、法国农村金融服务体系

（一）法国农村金融服务体系的概况

法国的农村金融体系属于国家控制式合作金融型，其金融机构都是在政府的主导下建立的，其运行也受到政府的管理和控制。其体系主要由四家银行组成，即法国农业信贷银行、互助信贷联合银行、大众银行和法国土地信贷银行。这些银行在法国农村金融体系中占有重要的地位，它们都是官办或受官方控制的。

在法国农村金融体系中，对农村发展贡献最大的是法国农业信贷银行系统。法国农业信贷银行在四家农村信贷银行中处于主导地位，其分支机构组织的资金和发放的贷款均占这四家银行总额的50%以上。它由省农业互助信贷银行和法国农业信贷银行联合组建而成，是一个上官下民复合组成的全国性农村信贷银行。农业信贷银行在金融、商业和法律上统一但决策分散，并且拥有三层组织结构。农业信贷银行的资金来源遍布法国内外，涉足货币市场和资本市场各领域。1885 年法国农民为解决短期资金周转问题，建立了互助性质的农业信贷地方金库。1920 年，法国政府设立了国家农业信贷管理局，1926 年改名为国家农业信贷金库。农业信贷银行的结构呈金字塔形，底层是 3009 个地方金库，中间是 94 个区域金库（每省 1 个），上层是国家农业信贷金库。国家农业信贷金库是官方机构，是联系国家和农业互助信贷组织的桥梁，受法国农业部和财政经济部的双重领导。其主要金融活动包括：与生产或销售商签订信贷合约，由厂家向农户贷款提供贴息；为农户提供保险；建立法国最强大的农业技术网站。

（二）法国农村金融体系建设的经验借鉴

回顾法国农村金融体系的发展与改革历程，我们可以得到以下借鉴与启示。

1. 拥有发达的农村合作金融

随着农村商品经济的发展与农业资本的集中，法国形成了发达的农村合作金融。一方面，农村商品经济的发展，推动了农村经济的社会化与专业化，加强了农业内部与农业相关其他行业间的经济往来，从而需要通过农村金融机构来办理结算往来。另一方面，法国多数小农场经济实力弱、资金短缺，从而迫切要求建立农村信用合作社。20 世纪 60 年代以后，法国发达的农村信用合作制度，在一定程度上促进了农业的发展。因此，农村合作金融是农村金融中不可缺少的重要组成部分。

2. 农业信贷银行系统组织结构多层次、业务经营多样化

法国农业信贷银行系统是一种典型的半官半民的互助合作银行体制，在民间信用合作组织的基础上，在政府的支持下由下而上逐级建立起来。最基层是地方农业互助信贷合作社，中层是省农业互助信贷银行，最高层是中央农业信贷银行（法国农业信贷互助银行总行）。其中，前面两层具有私人合作性质；第三层是官方机构，属国家银行性质，受农业部、经济和财政部双重领导。法国农业信贷银行主要有三条资金来源渠道：股金、存款和债券，其中存款最为重要。在贷款发放方面，农业信贷银行将贷款主要分为四类：一是农业生产贷款，包括基建设备贷款、购地贷款和其他贷款；二是农产品粮食加工贷款；三是为解决城乡居民购建住房资金需要而发放的住房贷款；四是农村及其他贷款，包括中小企业贷款和城乡居民个人生活贷款。

3. 政府与农村金融体系的运作相互配合

首先，法国农业信贷银行的运作与国家政策紧密结合。一方面，该银行

按照政府的政策确定贷款对象，凡是国家政策和国家发展规划的项目，银行都给予优先支持，并予以贴息，从这个角度来看，法国农业信贷银行可以被认为是为国家政策服务的银行；另一方面，从 20 世纪 60 年代起，法国政府每年会从农业预算中拨出一笔专项资金给农业信贷银行，作为其发放中长期低息贷款的利息补贴。其次，政府为农村金融体系的发展创造了良好的外部环境。在税收方面，农业信贷银行省行以下机构属合作性质，享受减免税收的待遇；在吸收资金方面，政府允许农业信贷银行在乡村和城市吸收各种存款，并为其发行债券提供担保；在资金运用方面，政府对农业信贷银行实行利率补贴。

三、德国农村金融服务体系

(一) 德国农村金融服务体系的概况

德国是合作金融的发源地，也是最早建立农村金融制度的国家之一。经过长达一个多世纪的发展，德国形成了逐级入股、自上而下服务的三个层次合作的金融体系。德国的合作金融体系属于典型的单元金字塔模式。表 7.4 对德国农村合作金融发展情况进行了概括。

表 7.4 德国农村合作金融发展情况

起源	结构	法律支持
★ 1850 年建立城镇信用合作社，称为大众银行 ★ 1859 年成立雷发巽信用合作社，后发展成为雷发巽银行 ★ 1932 年这两大金融组织合并，组建成新的德国合作银行系统（DG）	整个体系由上至下分为中央合作银行、地区性合作银行、地方性信用合作社三个层次。上下间没有隶属关系。中央合作银行对下只有金融服务职能	《德意志合作社法》(1867)；《德国经营及经济合作社法》

资料来源：中国人民银行杭州中心支行金融研究处报告. 农村信用合作组织监管制度：国际比较与借鉴［R］，2010.

顶层是中央合作银行。它是全国性的机构，由地方合作银行、地区合作银行、非合作制投资人和德国政府按照股份制的原则共同投资组建。根据《德国合作银行法》，政府最高可参股 25%。2005 年，地方合作银行通过地区合作银行间接和直接入股拥有中央合作银行股份的 78.6%，其他合作性质的非金融企业拥有 7.5% 的中央合作银行股份。中央合作银行的主要任务是：维护信用合作社的共同利益，为基层行提供服务，负责处理地区行所在地之外的付款业务，开展同其他国家政府及机构的联系与国际业务往来。

中间层是地区性合作银行。它由地方合作银行投资组建，开办信贷业务。地区性合作银行的主要职责是：向基层信用社提供资金支付、结算服务与短期金融服务，可借入外部资金，开展证券投资业务和国际银行业务，对地方合作银行没有行业管理职能。

基层是大量的地方合作银行，也叫地方性信用合作社。基层合作银行与信用合作社是德国的信用合作基础，由若干基层合作银行或基层信用社组成，直接从事各种信用合作业务。

（二）德国农村金融体系建设的经验借鉴

回顾德国农村金融体系的发展与改革历程，我们可以得到以下借鉴与启示。

1. 建立完善的存款保护系统

根据德国信用合作体系的规定，每年每个信用合作社都要按风险资产的一定比例（一般为5%），存入特别专项基金的账户。当信用合作社出现危机的时候，该基金就用于提供全额补偿。如果基金长期没有动用，那么积累到一定金额后，各基层信用社就停止上缴；但如果基金因提供补偿而致使金额减少，则各基层信用社要继续按比例上缴。

2. 单元金字塔式的合作金融体系有利于发挥整体效率

德国建立了自下而上逐级入股、自上而下提供服务的合作银行体系。一方面，德国合作金融体系的三个层次都是依法注册的独立法人机构，三级之间由下级向上一级持股。基层合作银行既是地区行的股东，同时也是地区行的客户。地区合作银行由基层合作银行入股组成，中央合作银行主要由地区合作银行入股组成。另一方面，德国农村合作金融体系从下至上存资金，自上而下融通资金。这样，各个层次金融体系的共同利益就有机地联系在一起，从而有利于金融体系发挥整体效率。

因此整个合作金融体系既有利于发挥各级法人经营的积极性，又有利于发挥其整体效率。德国对于农村金融体系的监管也采用了政府监管和行业自律规范相结合的方式，避免了政府的过度介入，同时也保证了农村金融体系的安全运行。

四、日本农村金融服务体系

（一）日本农村金融服务体系的概况

日本的农村金融体系属于政府扶持下的合作金融型。二战之后，日本的农村金融体系逐步建立并完善起来，目前主要由合作金融和政策性金融构成。在

117

日本的农村金融体系中，合作金融占主体地位，政策性金融是合作金融的补充。

1. 日本的农村合作金融

经过多年的发展，日本形成了独具特色的合作金融体系。日本农村合作金融是日本农林渔业协同组合系统（农协系统）所办理的信用事业。日本农村合作金融组织是农协的一个子系统，但同时又是具有独立融资功能的金融部门，其资金来源主要是从农村中吸收的存款，服务对象原则上也限定在本系统内。表 7.5 概括了日本农村合作金融的发展情况。

表 7.5　日本农村合作金融的发展情况

起源	结构	法律支持
★ 1936 年成立商工组合中央金库 ★ 1940 年日本农地改革后，政府依据《农业协同组合法》成立农协，农协下属的信用部吸收农户存款和发放中长期贷款，并且代理国家对农业发放补助金和长期贷款 ★ 1943 年成立农林中央金库 ★ 1949 年成立信用协同组合 ★ 1951 专门立法，分别建立信用金库 ★ 1953 年成立劳动金库	这些合作金融组织都分别有自己的基层机构和中央机构，并有相关行业协会。基层机构具有较强的合作色彩，但在中央机构层次上，政府部门或政府官员拥有较大的实际控制权或影响力	《农林中央金库法》（1943）； 《农业协同组织法》（1947）； 农业信用保证、保险法（1961）

资料来源：中国人民银行杭州中心支行金融研究处报告. 农村信用合作组织监管制度：国际比较与借鉴［R］，2010.

2. 日本的农村政策性金融

政策性金融主要是日本农林渔业金融公库，它负责提供其他金融机构不愿意或不能提供的信贷，并成为日本农业金融中的"最后贷款人"。1953 年设立的日本农林渔业金融公库作为主导农村金融体系的重要手段和政策性金融的重要体现，实行较之其他金融机构更为优惠的资金运用政策。贷款的基本特征是长期、低息。贷款平均期限为 19 年，最长的强化林业经济基础贷款期限达 55 年。公库平均贷款利率为 3.89%，有 60.4% 的贷款平均利率为 3.50%。此外，农林渔业金融公库的管理高效、严格，保证了政策实施的有效性，对日本的农业发展发挥了重要作用。

（二）日本农村金融体系建设的经验借鉴

回顾日本农村金融体系的发展与改革历程，我们可以得到以下一些借鉴与启示。

1. 政府大力扶持农村合作金融

日本农村合作金融的最大特点是，得到政府的大力支持。首先，日本的政策性金融是合作金融的补充，为那些不能在合作金融和商业金融获得贷款的农林渔业生产者提供最后的贷款支持。其次，政府对农业的各种资金援助（如政策性长期贷款、利息补贴、信用保证等）主要通过合作金融来实现，从而巩固了合作金融的重要地位。再次，日本政府给予农民合作社大量的资金和特殊的政策支持，使得农村金融进入良性循环，从而有效解决了农村金融问题。最后，政府建立了农业信用保险、临时资金调剂等制度，来加强对合作金融的扶持。信用保险是随着信用发展而形成的一种新型保险，它实质上是信用保证制度的一个组成部分。信用保证制度有利于授信人减少和避免信用风险，确保信用清偿；或者，在信用不能清偿时取得补偿。

2. 对非正规金融采取合法化措施

"轮转储蓄与信贷协会"（ROSCA）在日本也称为"合会"（Mujin），是一种很普遍的金融合作组织。作为一种民间自发的组织，政府对其往往不加以管理。但是，随着 ROSCA 的规模越来越大，商业性越来越强之后，日本政府开始对其进行一定的管理和规范。1915 年，日本央行对当时 ROSCA 的运转进行了全面调查，分析了其优劣势，并专门颁布了 ROSCA 金融法案（Mujin Finance Law），这是日本对 ROSCA 进行管理和规范的第一部法律，它有效削弱了利用 ROSCA 进行诈骗的动机。二战后，针对中小企业的金融需求，日本国会通过了《互助银行法案》（*Mutual Bank Act*），将 ROSCA 改造为互助银行。互助银行的业务范围包括：①像传统 ROSCA 那样接受定期的"会金"；②吸纳活期存款和定期存款；③发放贷款，办理支票业务。《互助银行法案》的通过使得 ROSCA 开始向商业银行转变。在 20 世纪 80 年代，互助银行又被改造成为二级地方银行（Second—tier Regional Banks）（徐忠，1998）。同时，针对当时爆发的几件重大的非正规金融事件，日本政府也制定了管理处置规定，如"投资顾问法"和"特定品保管等交易契约关系"。总之，日本通过把非正规金融活动引入合法经营渠道，一定程度上遏制了非正规金融活动的负面影响。

119

第二节 发展中国家农村金融发展

一、非洲乡村银行

恩佩尔（Empel）在他的研究"非洲乡村银行：Rabobank 方式"中给我

们展示出的情景是：在非洲，大多数农村地区的人享受不到金融服务。主要原因在于这些地区人民收入水平较低，基础设施欠发达，银行对于农业经营的知识匮乏，因而商业银行在此扩展业务是不具有规模经济的。尽管政府和国有农业银行都意图参与进来，然而银行却一再经历低贷款偿还率。因为客户们倾向于把获得的钱当作一种赠与，而不是贷款。

政府在对农村金融上的无作为，被解释成他们过于官僚，过于以政策为中心，却不为客户考虑。现在，小额贷款金融机构在给非洲农村地区提供金融服务方面有所作为，然而其可持续性却无法得到确认，因为他们通常没有银行执照，以至于提供的金融服务很有限。

欠发达的基础设施和法律体系，低效的农业市场和欠缺的金融教育是非洲农村金融发展的主要障碍。欠发达的基础设施，例如不达标的公路，不可靠的电力，以及通信渠道不畅，都会导致农民之间的联系无效率。欠发达的法律环境，特别是模糊的财产权，使得银行不愿意借钱给农民，因为土地不属于任何人，因此不可以用来抵押。研究强调了土地所有权，有效抵押贷款系统在农村金融中很重要。低效率，无组织且分散的农业市场导致了价格体系的低效率，进一步提高了交易成本。金融知识匮乏，对银行体系的不了解又进一步阻碍了农村金融的发展。

二、加纳的农村和社区银行

在"乡村银行：加纳的乡村和社区银行案例"的研究中，瑞兰德（Rairand）和菲舍（Fissha）介绍了农村社区银行的历史、商业策略、提供的服务和成效。

20世纪70年代后期，存款和偿付机制在加纳的农村地区几乎绝迹。这些地区的务农和非务农者都得不到足够的金融服务。因此，加纳政府尝试建立乡村和社区银行（RCB），以让该地区人们获得贷款。第一个农村社区银行建立于1976年。到1984年，乡村和社区银行达到106家。乡村和社区银行是加纳农村地区的最大金融服务提供者。农村社区银行的服务网络可以提供有效服务，同时也获得利润和净值增长。然而，其中有些银行的业绩却很差。20世纪80年代早期，因为1983年的干旱，监管不力，管理无效，以及董事会的分歧，很多农村社区银行的表现每况愈下。加纳银行以及加纳中央银行试着通过降低风险敞口（主要是农业方面），关闭经营不力的银行和加强监管来控制局面。在1989—1994年，加纳政府在世界银行的帮助下，发起了农村银行项目，对农村社区银行给予支持。2001—2007年，加纳政府发起了乡村金融服务计划，重新评估并进一步加强了农村社区银行的业绩。农村银行联合会（ARB）提供给农村社区银行大量相关技能的培训。

乡村和社区银行是小规模的金融机构，平均每股资本 136526 加纳币（合 105263 美元），平均存款 230 万加纳币（合 177 万美元），平均资产 380 万加纳币（合 293 万美元）。农村社区银行完全由当地社区的股东拥有。股东选举产生董事会，董事会对社区银行进行监督管理。董事会成员一般和银行没有联系。农村社区银行的主要员工由首席行政官、内审师、金融干事和项目干事组成。

农村社区银行的储蓄分为储蓄账户、经常往来账户、活期储蓄和定期存款。活期储蓄是由收集者挨家挨户到客户家里收取的每日小额存款。提供高利率的长期储蓄只占所有存款的 1%。农村社区银行发放小额贷款、个人贷款、薪金贷款。客户在农村社区银行取得贷款用以投资农业生产和交易。农村社区银行提供地方和国际货币转账服务。它们也提供薪金交付、退休金储蓄和支票结算服务。乡村和社区银行是有限责任公司，加纳银行根据银行法颁发给它们营业执照。乡村和社区银行必须持有最低资本金 150000 加纳币（合 116135 美元）。否则他们不能支付股息或开设新的分支机构。

基于社区的金融机构如农村社区银行可以增加农村地区金融服务的渠道。它们相对小的规模可以帮他们避免高昂的维持费用。它们要考虑的是增加业务往来或参与进行合并以获取规模经济。它们相对小的规模会限制获得技术支持，然而网络联盟的建立可以增加成本效益。

三、孟加拉国小额信贷

刘（Liu）和戴宁格尔（Deininger）在他们的研究"印度自助团体小额信贷偿付的决定因素"中写到，1976 年孟加拉国建立了格莱珉银行，小额融资变得很流行。到 2007 年底，全世界有 3552 家小额信贷机构和 1.54 亿客户。其中大约 1.06 亿客户是穷人。团体借贷的概念来源于小额融资项目的实践。团体借贷（或联合债务）为一群借款者提供贷款，整个借贷团体为团体中的每一个体的债务承担责任，这与个人借贷不同。这种做法使小额贷款避免违约，它依靠团体成员之间的信任和责任感，而不是金融抵押。团体借贷项目设法避免缺乏金融抵押的问题，通过可行的、创造性的方法给穷人提供信贷。这一项目建立于 2000 年，用来帮助新的和已经存在的自助团体的发展。通常一个自助团体有 10 ~ 20 名妇女组成。她们定期举行社会活动，把挣到的钱集中起来，存进一个联合账户。团体成员可以按团体决定的利率水平获得内部贷款。通过保持足够的内部储蓄和偿还记录，这个团体可以提高她们从商业银行或这个项目拿到贷款额。

尤努斯创办的格莱珉银行获得了 2006 年的诺贝尔和平奖。格莱珉银行的独到之处在于以下几点。

首先，格莱珉银行是专门面对穷人的银行。从 1976 年尤努斯拿出 27 美元借给 42 个农村妇女开始，格莱珉银行始终以穷人，尤其是贫穷的妇女为主要贷款对象，截至 2006 年 9 月格莱珉银行总计给 650 万穷人贷款 53 亿美元，其中贫困妇女占 96%。

其次，虽然主要是给穷人提供贷款，没有任何抵押要求，但格莱珉银行却获得了令人难以置信的业绩，总体还款率一直维持在 97% 以上，在世界银行业首屈一指。

最后，优良业绩背后的是格莱珉银行精巧的机制设计，尤其是它借鉴了微观金融和非正规金融的许多做法，比如小组贷款、地区定期的银行业务员和小组成员的例会、每周还本付息以及要求适当的存款等。

但许多学者经过研究，发现格莱珉银行成功背后还有其他的重要因素，格莱珉银行的成功实际上是综合了政策性金融、非正规金融与正规金融三方面的优势，同时，抑制了各方面的劣势而获得的，这对于我国的新型农村金融机构的发展具有重要的借鉴意义。

格莱珉银行借鉴了非正规金融的做法，降低了信息成本和监管成本，保障了高履约率，但由此也不可避免地会遇到非正规金融经常遇到的问题。

首先是经营规模的问题。非正规金融的信息优势和监管成本优势与其活动的范围和规模之间是此消彼长的关系。只有在一个较小的范围内，在相对比较封闭、人员流动不大、几乎没有陌生人的熟人社会，每个人的信息才能成为具有高度共享性和流通性的共同知识，从而降低非正规金融的信息和监督成本。但非正规金融在规模和范围上的局限将导致一系列的问题：小的地理范围内的贷款者面临的有些风险（比如自然灾害）无法分散，这使得非正规金融机构难以应对系统性的自然风险或市场风险；资金只能在小范围内转移，无法实现规模经济，不利于资金在更大范围内进行有效配置，容易造成效率的损失。比如 20 世纪 80 年代末和 90 年代初，孟加拉国北部的兰家普尔地区频繁遭遇大范围的暴雨和洪水的袭击，给当地带来了系统性的财产和人员的巨大损失。大范围的自然灾害也使得这一地区格莱珉银行几乎所有的贷款小组同时丧失了还贷能力。由此造成的结果是 20 世纪 90 年代早期格莱珉银行在北部兰家普尔地区的分支行的还贷率只有不到 30%，经营非常困难。

其次是高经营成本的问题。格莱珉银行主要经营小额信贷，每笔小额贷款以 100 美元为单位，每周还本付息，同时，在贷款小组的组织、定期例会的组织等方面也都需要投入大量的人力和时间。因此，格莱珉银行的经营成本是非常高的。据测算，格莱珉银行的贷款费用率高达 18%。一般的非正规金融机构在如此高的贷款费用率之下是难以维持的。格莱珉银行的高经营成本给它的盈利性和可持续发展带来了巨大的压力。

应对经营规模限制和高经营成本的问题。格莱珉银行依靠的是其他两方面金融的优势，即正规金融和政策性金融。

格莱珉银行自 1983 年获孟加拉国政府批准成立后一直是一家商业银行，规模扩张非常迅速，截至 2006 年底有 1277 个分行，遍布世界 46620 个村庄，有 12546 个员工。因此，它具有正规金融的优势，即分布广泛，资金充裕，这可以使格莱珉银行实现大范围资金运用的规模经济和有效配置，同时，可以有效地分散风险。前面提到的 20 世纪 90 年代初格莱珉银行在兰家普尔地区的分支行的还贷率很低，但在同期孟加拉国的其他地区，格莱珉银行的分支行的还贷率比较高，很多地区高达 100%，这使得格莱珉银行的还贷率维持在 90% 以上，并且可以用高收益地区分支行的盈利维持亏损分支行的运营，实现了该银行不轻易将欠款者送上法庭而是帮助其逐渐恢复偿债能力的承诺。

123

格莱珉银行的规模从小到大扩张的过程必须要迈过高经营成本的障碍。实际上，很多小的非正规的（乃至正规的）金融机构在规模扩张过程中因为不能有效克服经营成本过高的问题而破产或被收购兼并。格莱珉银行成功地通过对这个项目的分析研究表明：管理和偿还贷款协议对贷款偿还率有重要影响。这项研究的结果可能会产生重大的实际应用。因为银行可以在某些协议的框架下，给小额贷款机构提供额外的资金便利。

第三节　国外发展农村金融体系的启示

一、国外农村金融体系发展的经验总结

当前，欧美发达国家与一些发展中国家的农村金融服务体系已经比较完善并各具特色，但基本模式相似，即都以合作金融为主体，政策金融为导向，商业金融和民间金融作补充、农业保险是支撑。这种模式及其运行为我国完善农村金融体系提供了一些可借鉴的经验。

（一）农村合作金融在农村金融体系中居于主体地位

美国的农村合作金融特别发达，目前美国拥有信用社 11000 多个，是美国

农业发展的重要力量，欧美国家发展农村合作金融有两个基本经验：一是形成民主决策和法人治理结构机制；二是农村合作金融的资金主要来自社员，主要为社员提供服务。

（二）政策性金融在农村金融体系中起导向作用

政策性金融是各国政府普遍运用的纠正农村金融市场失灵的重要手段，其主要措施有：政府直接出资建立政策性金融机构，为农民提供金融服务；制订各种优惠政策，如税收优惠、利息补贴等，鼓励金融机构为农村提供贷款；建立担保机构或由政策性金融机构为农业贷款作担保，降低农村金融风险。

（三）商业金融和民间金融是农村金融体系的组成部分

欧美国家政府一般通过财政贴息或中央银行减少准备金等优惠政策引导商业金融机构扶持弱势农村发展，解决商业金融机构趋利性与支农的矛盾，促使商业金融机构为农村提供更多的金融服务。同时，由于农村民间金融利率较高，风险较大，对农村经济发展也存在着负面的影响。但各国经验表明，只要正规金融供给无法完全满足农村金融需求，农村民间金融就不可能消失，而且必然成为农村金融服务体系中不可或缺的组成部分。

（四）农业保险是支撑农村金融体系的重要手段

农业保险是各国政府保护农业、稳定农村经济、支撑农村金融服务体系的有效工具，各国发展农业保险各有特色，无论是欧美发达国家还是发展中国家，农业保险都是支撑农村金融服务体系的重要手段。

二、国外发展农村金融体系的启示

无论是发达国家，还是发展中国家，各国都逐步形成了具有自己特色的金融体系。这些金融体系从信贷、保险等多方面促进了农业经济和农村金融的发展，对我国农村金融的发展有着重要的启示。

（一）具有支持农村金融体系的基本目标

农村金融体系运行成功的关键是拥有一个明确的目标。发达国家的农村金融体系始终有一个目标——为农业和农村发展提供充足的资金。虽然不同的国家处在不同的发展阶段，农业发展目标不一样，但基本目标却没有发生根本变化。正是因为农村金融提供了大量的资本、金融支持，才使得他们发展迅猛，实现了农业的市场化和现代化。

（二）构建职能分工、明确互补的多元农村金融组织体系

世界各国在运用金融手段发展农村经济的过程中，都逐步构建了一套种类繁多、职责明确、功能互补、相互配合又适度竞争的适合本国国情的农村金融

组织体系。多年来的经验也已证明，只有多元化的复合金融组织体系，才能解决农业生产中周期长、风险大、季节影响、分散零乱、市场波动等问题，满足形式各异的农业信贷需求。结合我国目前的实际情况，尽管我国商业金融、合作金融和政策金融并存的金融体系早已建立，但是由于相互之间彼此孤立、缺乏竞争，使得我国的农村金融组织体系一直流于形式，没有形成统一的有机整体。而克服这一缺陷的关键是农村金融组织的建立要以满足农村金融需求为目的，构建需求导向的既有明确分工又有适度竞争的农村金融组织体系。

（三）宏观调控商业银行，"诱导"商业银行加大支农力度

国外经验表明，商业银行在支农中发挥着重要的补充作用。从国外经验看，政府的作用不在于通过行政力量干预商业银行的业务经营，强迫商业银行服务于农村金融市场，而在于通过多种措施降低农村金融市场的交易成本，运用利益机制引导商业性金融组织自愿服务于农村金融市场。可借鉴的国际通行的有效手段是，通过国际优惠政策和货币政策"诱导"商业银行积极支持农村经济发展。

（四）加强政策性金融建设

农业是弱质产业，自身缺乏对外部资金的吸引力，所以很难通过市场手段获得满足需要的资金支持。正因为如此，世界各国政府历来都十分重视政策手段的运用，纷纷成立农村政策性金融组织，向农业和农村提供低息贷款，弥补农业和农村信贷资金的不足，同时配合政府农业政策，在提供农产品销售、稳定农产品价格、优化结构调整和农民收入稳定与提高等方面发挥了重要作用，成为各国政府贯彻落实本国农业政策的有力工具。我国应在此问题上学习国外在农村金融组织经营管理上的宝贵经验，解决好农业发展银行职能单一、资金来源不足等方面的问题，使之能够更好地发挥政策金融的支农作用。

（五）大力发展农业保险事业

发达国家农业现代化程度高，农村经济实力雄厚，农村社会化服务体系完善。农业抗灾能力强，其中很大程度上是因为建立和完善了较发达的农业保险制度。这些国家农业保险的特点主要有：一是开办得早，经验丰富，技术完善，如美国开办农作物保险的历史已有百年，法国在18世纪就已开办了农作物冰雹保险；二是建立专业性保险机构，从原始的互助保险协会发展成专业性保险公司，而且具有相当的规模，同时，充分利用国家专业保险公司和私人保险公司等各种保险机构开展农业保险；三是政府对农业保险予以政策支持，为了国计民生，各国政府既支持保险公司能取得平均利润，又要注意不加重参保农户的负担，农作物保费由农场主和政府共同负担；四是开展综合保险，从开

125

始的单一保险过渡到承保农作物综合保险，承保农作物的种类范围越来越大。

（六）重视引导和发展农村非正规金融

孟加拉国乡村银行的经验改变了人们认为银行"嫌贫爱富"的传统观念，它的成功证明穷人也值得借贷。尽管可能因为成本较高会存在不经济现象，但是为穷人提供贷款服务仍然是可行的。不仅如此，乡村银行把穷人的获得贷款能力融入穷人的自我发展和社会进步中，这样，在改善穷人生活水平的同时也提高了贷款的归还率，进而促进了乡村银行的持续经营能力。这为包括我国在内的广大发展中国家运用金融手段解决贫困地区发展问题无疑提供了一条可借鉴的路径。我国由于缺乏合理的引导和监管，加之非正规金融的分散性、隐蔽性等特征，容易产生较多的纠纷，因而往往成为政府遏制和打压的对象。因此，完善农村金额组织体系还必须重视农村非正规金融，在法律的引导下发挥其固有的优势，并逐步将其正规化。

第八章 案例分析（吉林省梨树县农村资金互助社案例）

作为全国农村金融发展的典型之一，吉林省梨树县不仅有全国第一家由银监会颁发金融许可证的农民资金互助社，其农民专业合作社的发展在全省也处于领先地位。笔者经过调研走访梨树县的4家资金互助社和12家开展资金互助业务的农民专业合作社，全面深入地了解了农民资金互助社在梨树县发展的基本情况，在此予以介绍。

一、吉林省梨树县农村资金互助社发展现状

吉林省经银监部门批准的4家农村资金互助社都在梨树县，分别是梨树县闫家村百信农村资金互助社、梨树县十家堡镇盛源农村资金互助社、梨树县小宽镇普惠农村资金互助社、梨树县小城子镇利信农村资金互助社。梨树县闫家村百信农村资金互助社是国家银监会首家颁发金融许可证的农村资金互助社，于2007年2月14日经银监部门批准筹建，于2007年3月9日批准正式挂牌营业，并在工商部门登记注册；梨树县十家堡镇盛源农村资金互助社、梨树县小宽镇普惠农村资金互助社、梨树县小城子镇利信农村资金互助社于2010年3月17日经吉林银监局批准筹建，吉林银监局于2010年7月29日批准成立，四平银监分局于2010年8月9日颁发金融许可证，于2010年9月7日同日挂牌开业。到2015年末，梨树县4家农村资金互助社存款余额6064万元，比年初增加2287万元，增长60.60%；贷款余额5558万元，比年初增加1806万元，增长48.10%。梨树县4家农村资金互助社从业人员42人，实现利润93万元。

（一）梨树县闫家村百信农村资金互助社

2007年3月，梨树县闫家村百信农村资金互助社成立，这是我国第一家经银行业监督管理机构批准挂牌营业的农村资金互助社。正所谓"次第东风三月来，梨树万顷竟开怀。报春一蕊争先放，不尽繁花遍地开。"

1. 成立背景

梨树县是全国重点商品粮基地县和玉米出口基地县、全国十大产粮县、国家瘦肉型猪基地县,粮食总产保持在 50 亿斤,全国排名第四位。梨树县闫家村有 7 个自然屯,684 户农民,人口 2290 人,以生猪养殖业为主。2006 年,闫家村贷款需求量为 680 万元左右,而当地农村信用社贷款余额仅为 370 万元,45.58% 的资金需求是通过民间借贷或商业赊销解决,农民资金需求缺口大。

2003 年 11 月,梨树县闫家村 43 户农民发起成立了百信互助社,这在一定程度上缓解了农村小额信贷难的问题。但是,由于没有银行监管部门的批文,它们对所开展的业务只能遮遮掩掩,这也引起了一些农民持怀疑态度,出现部分农民退股的情况。

2006 年底,银监会下发《关于调整放宽农村地区银行业金融机构准入政策更好支持社会主义新农村建设的若干意见》,大幅放宽农村银行业金融机构准入条件;2007 年 1 月,银监会又出台《农村资金互助社管理暂行规定》,对于农村资金互助社设立、管理等做了详尽规定。随后,银监会把百信互助社列为在全国 6 省(区)农村金融改革的 36 个试点之一。百信互助社按银监会规定“六项细则”进行了重组,自此有了中国第一家农村资金合作社。

2. 成立过程

百信农村资金互助社的前身是梨树县榆树台百信农民合作社,由姜志国等 8 户农民发起成立的,是一个以养殖为基础、农机化服务为纽带、资金互助为依托,靠合作增加农民生产经营效益的互助合作组织。

2007 年 2 月 1 日,闫家村农民自愿发起设立百信农村资金互助社,32 名发起人中村组干部 4 人,占发起人总数 12.5%;党员 5 人,占发起人总数 15.6%;具有初中学历 18 人,占发起人总数 56.3%;高中以上学历 3 人,占发起人总数 9.4%。注册资本 10.18 万元。从业人员 11 人,设主要高管人员 2 名,理事长、监事长各 1 人。该社建立了农村资金互助社章程、财务制度、安全保卫制度、信贷管理办法等。本社发起人出资比例符合《农村资金互助社管理暂行规定》要求,单个发起人最高入股比例 9.92%,不超过 10%。超过 5% 比例的单个发起人 6 人,占发起人总数 18.75%,占本次筹建股金总额的 59.53%。

百信农村资金互助社的主要业务有:为社员办理存、贷款、结算业务;买卖政府和金融债券;同业存放;代理业务;还可向其他银行业金融机构融入资金(符合审慎要求)以及经银行业监督管理机构批准的其他业务。

3. 发展状况

（1）资产及其构成。截至 2015 年末，贷款余额 88 万元，按五级分类，全部为正常贷款。贷款到期 100% 收回，目前的贷款全部是正常贷款。最大一户贷款和最大十户贷款均在闫家村辖区内。最大一户贷款是 2.1 万元，占比 3.81%；最大十户贷款为 18.6 万元，占比 35.24%；贷款全部为互助社社员种养业贷款。截至 2015 年末，资产总额 253 万元。其中贷款为 88 万元（该社已提呆账准备金 0.47 万元），较年初减少 1 万元，幅度 1.12%，占资产总额的 42.47%。本年累放笔数 56 笔，累放金额 32 万元。（2）负债及其构成。截至 2015 年末，负债总额 140 万元。其中流动负债为 47 万元，同业拆入 50 万元，占负债的 35.71%；定期负债为 93 万元，占总负债 9.52%，占负债的 66.43%。（3）所有者权益及其构成。截至 2015 年末，所有者权益 2 万元。梨树县闫家村百信农村资金互助合作社的核心资本是 21 万元，资本净额 21.5 万元，资本充足率 48.31%。从 2013 年 3 月，闫家村百信农村资金互助社执行 6 个月（含 6 个月）贷款利率 13.68%，6 个月至 1 年（含 1 年）贷款利率 13.68%。存款利率执行中央银行的基准利率，并随中国人民银行利率调整而调整。

4. 意义及影响

百信虽小，但正像原中国银监会副主席唐双宁双关诗句所言，"报春一蕊争先放，不尽繁花遍地开"。作为全国首家经银监会批准的农村资金互助社，尽管外界曾质疑和指责其作为全国首家资金互助社，却没有发展起来，但百信农村资金互助社一直坚持稳步发展，没有出现风险，在极其艰苦的条件下顽强生存下来了，这是他们对我国农村资金互助社的最大贡献。百信农村资金互助社存在的意义不在于他的规模有多大，而在于将办社经验不断传播出去，并将资金互助社制度不断复制推广到宁夏、河北、浙江、河南、江苏等地。

唐双宁说："百信农村资金互助社的成立，标志着中国银监会调整放宽农村地区银行业金融机构准入政策试点取得了新进展。这一崭新的农村银行金融机构在我国农村的诞生，也标志着我国在探索发展农村合作金融、着力解决农村金融供需矛盾方面迈出了可喜一步。将对完善我国农村金融组织服务体系和改进农村金融服务产生积极而深远的影响。"

（二）梨树县十家堡镇盛源农村资金互助社

1. 设立情况

2010 年 9 月 7 日，吉林省梨树县小宽镇、小城子镇、十家堡镇彩旗飞扬、百姓云集，小宽镇普惠农村资金互助社、小城子镇利信农村资金互助社、十家堡镇盛源农村资金互助社同时举行隆重的开业庆典，庆祝镇普惠农村资金互助社、利信农村资金互助社、盛源农村资金互助社正式挂牌营业。这是继全国首家农村资金互助社——梨树县闫家村百信农村资金互助社诞生之后，吉林省又新增的三家新型农村金融机构。

梨树县十家堡镇盛源农村资金互助社于 2007 年由 15 名农村自发组建，注册资本 177 万元，从业人员 17 人；在册职工 11 人。该社建立了农村资金互助社章程、财务制度、安全保卫制度、信贷管理办法；该社发起人 15 人，发起人出资比例符合《农村资金互助社管理暂行规定》要求，单个发起人最高入股比例为 9.6%，不超过 10%。超过 5% 比例的单个发起人 15 人，占发起人总数的 100%，占本次筹集股金总额的 100%。

2. 发展状况

梨树县十家堡镇盛源农村资金互助社业务发展比较快。该社股本金、存贷款规模发展较快。截至 2015 年末，资产总额 4517 万元。其中贷款为 2412 万元（该社已提呆账准备金 32 万元），较年初增加 216 万元，增长 9.84%，无不良贷款，占资产总额 53.40%；银行存款 1966 万元，较年初增加 516 万元，增长 35.58%，占资产总额的 43.52%；负债总额 3907 万元（其中应付利润 −14 万元），全部为个人储蓄存款（含活期 155 万元和定期 3752 万元），较年初增加 646 万元，增长 19.81%，占负债 100%；所有者权益 664 万元，较年初增加 60 元，增长 9.93%；营业收入 147 万元，营业支出 87 万元，收支相抵实现利润 60 万元。

（1）资产及其构成。截至 2015 年末，贷款余额 2412 万元，按五级分类，全部为正常贷款。该社的贷款方式为信用贷款和社员之间的互保贷款。最大一户贷款和最大十户贷款均在十家堡辖区内。最大一户贷款是 10 万元，占比 0.41%；最大十户贷款为 100 万元，占比 4.14%；贷款全部为互助社社员种养业贷款。截至 2015 年末，资产总额 4571 万元。其中贷款为 2412 万元（该社已提呆账准备金 42 万元），较年初增加 246 万元，增长 15.12%，占资产总额的 52.77%；银行存款 1987 万元，较年初增加 496 万元，增长 33.72%，占资产总额的 43.47%。

（2）负债及其构成。截至 2015 年末，负债总额 3907 万元。全部为社员储蓄存款（含活期 155 万元和定期 3752），较年初增加 646 万元，增长 19.81%。

（3）所有者权益及其构成。截至 2015 年末，所有者权益 429 万元。其中实收资本 398 万元，较年初增加 1 万元，增长 0.25%；本年利润 0 万元。

（三）梨树县小宽镇普惠农村资金互助社

梨树县小宽镇普惠农村资金互助社于 2007 年由 11 名农民自发组建，注册资本为 110 万元，从业人员 11 人。该社建立了农村资金互助社章程、财务制度、安全保卫制度、信贷管理办法；该社发起人出资比例符合《农村资金互助社管理暂行规定》要求，单个发起人最高入股比例为 9.09%，不超过 10%。超过 5% 比例的单个发起人 11 人，占发起人总数的 100%，占本次筹集股金总额的 100%。

梨树县小宽镇普惠农村资金互助社业务发展情况：（1）资产及其构成。截至 2015 年末，资产总额 5226 万元。其中贷款为 3720 万元（该社已提呆账准备金 28 万元），较年初增加 946 万元，增长 34.1%，占资产总额 71.18%。（2）负债及其构成。截至 2015 年末，该社存款款余额 3834 万元，按五级分类，全部为正常贷款。该社的贷款方式为信用贷款和社员之间互保贷款。最大一户贷款和最大十户贷款均在小宽镇辖区内。最大一户贷款是 10 万元，占比 2.82%；最大十户贷款为 68 万元，占比 19.15%；贷款全部为互助社社员种养业贷款。截至 2015 年末，负债总额 3834 万元。全部为社员储蓄存款（含活期 58 万元和定期 3776 万元），较年初增加 940 万元，增长 32.48%。（3）所有者权益及其构成。截至 2015 年末，所有者权益 547 万元。其中实收资本 523 万元，较年初增加 90 万元，增长 20.79%；资本公积 30 万元；本年利润 1 万元。

小宽镇普惠农村资金互助社的核心资本为 355 万元，资本净额 383 万元，资本充足率 19.24%；存款利率执行中央银行的基准利率，并随中国人民银行利率调整而调整；执行 6 个月（含 6 个月）贷款利率 15.48%；6 个月至 1 年（含 1 年）贷款执行利率 16.63%。

（四）梨树县小城子镇利信农村资金互助社

梨树县小城子镇利信农村资金互助社是目前发展最快、规模最大的。于 2007 年由 10 名农村自发组建，注册资本 100 万元，从业人员 10 人。该社建立了农村资金互助社章程、财务制度、安全保卫制度、信贷管理办法；该社发起人出资比例符合《农村资金互助社管理暂行规定》要求，单个发起人最高入股比例为 10%，不超过 10%。超过 5% 比例的单个发起人 10 人，占发起人总数的 100%，占本次筹集股金总额的 100%。

梨树县小城子镇利信农村资金互助社业务发展情况：（1）资产及其构成。截至 2015 年末，各项贷款余额 4651 万元，按五级分类，全部为正常贷款。该社到期贷款 100% 收回。最大一户贷款和最大十户贷款均在小宽镇辖区内。最大一户贷款是 80 万元，占比 1.72%；最大十户贷款为 168 万元，占比 3.61%；贷款全部为互助社社员种养业贷款。截至 2015 年末，资产总额 6747 万元。其中贷款为 4651 万元（该社已提呆账准备金 74 万元），较年初增加

1464 万元，增长 45.94%，占资产总额 68.93%。（2）负债及其构成。截至 2015 年末，负债总额 5282 万元。全部为社员储蓄存款（含活期 29 万元和定期 5253 万元），较年初增加 879 万元，增长 19.96%。（3）所有者权益及其构成。截至 2015 年末，所有者权益 977 万元。其中实收资本 808 万元，较年初增加 97 万元，增加 13.63%；本年利润 178 万元。

小城子镇利信农村资金互助社的核心资本 896 万元，资本净额 923 万元，资本充足率 48.02%；贷款利率 6 个月（含 6 个月）执行贷款利率 14.76%，6 个月至 1 年（含 1 年）贷款，执行利率 14.76%。存款利率执行中央银行的基准利率，并随中国人民银行利率调整而调整。

二、吉林省农村资金互助社发展特点

吉林省农村资金互助社在全国起步早，发展过程中表现出的基本特点是：数量极少，分布集中，覆盖面小，发展不平衡，相对滞后。首先，四家农村资金互助社全部分布于梨树县，覆盖面十分有限；其次，四家农村资金互助社发展不平衡，参差不齐；最后，与全国相比，发展规模、速度和质量都相对落后。下面根据吉林省农村资金互助社的发展情况，着重分析其发展不平衡的原因。

2007 年 3 月成立的吉林省梨树县闫家村百信农村资金互助社，是全国首家新型农村金融机构。然而，却出现了发展不平衡的现象。百信农村资金互助社与其他三家后成立的十家堡镇盛源农村资金互助社、小宽镇普惠农村资金互助社、小城子镇利信农村资金互助社相比，却在经营业绩、发展规模、发展速度等方面出现了明显的差距。

四家资金互助社发展情况比较如下：（1）入社社员数量增速差距大。"百信"年平均增速 108%，而"十家堡"、"小宽"、"小城子"增速分别达到 1310%、665%、887%。（2）股金规模扩张速度差距大。"百信"股本金年平均增速 11.4%，而"十家堡"为 186%，"小宽"为 133%，"小城子"为 81%。户均持股也如此，"百信"平均每户持股 1171 元，而"十家堡"、"小宽"、"小城子"分别为 7350 元、7317 元、4297 元。（3）贷款规模和范围差距大。"百信"现有贷款户数 129 户，而"十家堡"1270 户，"小宽"36 户，"小城子"389 户。从贷款余额上看，"百信"2009 年为 55.97 万元，而"十家堡"1200 万元，"小宽"32 万元，"小城子"380 万元。（4）经营利润差异大。"百信"连续微利，从未超过万元，而"十家堡"2009 年实现利润 65 万元、股金分红 55 万元，"小宽"2009 年实现利润 20 万元、股金分红 20 万元，

"小城子" 2009 年实现利润 21.8 万元、股金分红 21.8 万元。

下面以梨树县闫家村百信农村资金互助社和十家堡镇盛源农村资金互助社两家为例，对比分析其发展不平衡的原因。

（一）导致闫家村百信资金互助社发展后劲不足的原因

1. 客观因素。一是法律法规的限制。受法律法规和金融许可的限制，导致闫家村百信农村资金互助社经营业务范围比较窄，发展后劲不足。《农村合作组织法》规定，农村资金互助社不能超范围开展业务。闫家村百信农村资金互助社的"金融许可证"批准的经营业务范围为：办理社员存款、贷款和结算业务；买卖政府债券和金融债券；办理同业存放；办理代理业务；向其他银行业金融机构融入资金等业务。闫家村百信农村资金互助社只能在本村范围内开展业务活动，不能办理外村社员的存款、贷款和结算业务。闫家村百信农村资金互助社自 2007 年 3 月 9 日成立时的社员 32 户、股金 101800 元，到 2015 年末股金才发展到 329400 元，发展速度比较缓慢。二是地域资源优势不明显。由于闫家村百信农村资金互助社所在的梨树县闫家村位于平原地区，没有资源和区域优势。闫家村的社员多是以种地（玉米）为主，人均收入较低，收入主要用于日常生活和农业生产投入，社员没有多余资金入股及存款，导致资金互助社存款少。截至 2015 年末，资金互助社只有一户企业存款 300000 元，定期储蓄存款余额 26000 元。

2. 主观因素。一是由于闫家村百信农村资金互助社规模比较小，吸引不到域外资金，闫家村百信农村资金互助社自成立以来，仅从域外拆入资金 2 笔，金额 200000 元（在 2007 年 3 月 28 日从四平市金鑫城市信用社拆入资金 1 笔，金额 100000 元；5 月 28 日从四平市金鑫城市信用社拆入资金 1 笔，金额 100000 元）。由于没有资金来源，现在仍然没有归还上述拆入资金。二是从 2009 年 6 月起用代理负债业务发放贷款，截至 2010 年 9 月末，代理负债业务余额 20 万元，银监部门已禁止该社发放此种贷款，2010 年末代理负债业务改为企业存款。三是资金存量小，可用资金少，信贷资金远远满足不了入社社员扩大农业发展的需求。该社主要依靠同业拆入 20 万元和 20 万元企业存款维持放款经营。四是管理人员组织领导能力有限，业务素质有待提高。

（二）梨树县十家堡镇盛源农村资金互助社发展迅速的原因

1. 客观因素。一是梨树县三家子乡于 2000 年 5 月 8 日撤乡并入十家堡镇，三家子农村信用社也随之撤销，造成了金融机构网点的空白，十家堡镇盛源农村资金互助社在农村信用社原址开业，占据了得天独厚的地理位置，为其今后的发展奠定了良好的基础。二是三家子为半山区，矿产资源较为丰富，经济基础好、老百姓较为富裕，有闲余的资金入股。

2. 主观因素。一是原主要发起人龙湾村支书高禄自家资产雄厚，企业年产值达千万元，在当地口碑好、有威望、号召力强。二是主要发起人、理事长王宽原是农行分理处的主任，有多年从事金融业务的丰富经验和管理的能力。

其他两家农村资金互助社发展比较快的原因与上述其他两家情况相比较类似。普惠农村资金互助社和利信农村资金互助社发展比较快，主要是因为资金互助社所在的生态环境优越，互助范围大，人口多，产业发展良好，发起人社会威信高及影响力大等。

发起人能力、素质等综合管理水平影响农村资金互助社的持续发展。如发展较好的十家堡镇盛源农村资金互助社发起人龙湾村支书高禄自家资产雄厚，企业年产值达千万元，在当地口碑好、有威望、号召力强。小宽镇普惠农村资金互助社发起人、理事长王宽原是农行分理处的主任，有多年从事金融业务的丰富经验和管理的能力。

三、农村资金互助社发展中存在的问题及制约因素

尽管吉林省农村资金互助社起步较早，在全国名声大噪，但不尽如人意的是没有达到"不尽繁花遍地开"的局面，各种原因值得我们思考。

吉林省农村资金互助社贴近"三农"，有效地缓解了金融服务的不足。但由于其属"草根金融"，"先天发育不足"，加之"后天营养不良"，在成长过程中面临的问题和困难也日益凸显。新型农村金融机构如何实现可持续发展成为自身和监管部门探讨的主题。

（一）存在的问题

1. 可持续发展面临挑战

首先，先天发育不足，后天营养不良。农村资金互助社由农民自愿发起设立，农民是弱势群体，弱质性决定了其先天不足。其次，社会民众认知度不高。很多农户都不愿意把钱存入农村资金互助社，一些人认为农村资金互助社是私人银行，更愿意把钱存入其他商业银行、农村信用社、邮政储蓄等金融机构，这导致农村资金互助社吸收社员存款比较困难，农村资金外流现象严重。最后，农村资金互助社融资渠道单一不畅。由于农村资金互助社存款的局限性和不稳定性，造成资金短缺问题十分明显，普遍存在吸储难和贷款需求量大的矛盾。相对于国有商业银行，新型农村金融机构缺乏政策性、稳定性、长期性的资本注入，融资渠道不宽广，经营资本不足，难以满足"三农"发展的巨大金融需求。

2. 存在系统性金融风险

根据《中华人民共和国商业法》第三章第三十二条规定，为保护存款人的利益，金融机构应当按照中国人民银行的规定，向中国人民银行交存存款准备金，留足备付金。但是，到目前为止，四家资金互助社都没有交存存款准备金，农村资金互助社一直没有与人民银行的账户系统、征信系统等业务系统相对接，不便于人民银行的支持和监管。一是没有在人民银行开立账户，一方面农村资金互助社不能向人民银行缴纳存款准备金，另一方面人民银行也不能对资金短缺及一旦出现支付风险的农村资金互助社给予再贷款支持和救助。二是没有与人民银行的账户系统对接，为企业开户被视为违规。例如，梨树县闫家村百信农村资金互助社只有一户企业存款 20 万元，因为无法经人民银行账户系统核准而被四平银监分局定性为私自为其开立账户，对其稽核检查时对这一问题定为违规，责令其整改。三是没有与人民银行的征信系统对接。由于不能进入征信系统查询，对客户的历史信用状况无法全面掌握，因此每做一笔业务，都要多花很多精力，对客户的社会背景等详加调查。对客户的考察出现一定的不便，不利于风险的把握。而且所在地农行分理处和农村信用社对农户的信贷投放量更多，如果农村资金互助社不掌握农户已经发生的贷款情况而重复贷款，容易引发信贷风险。四是大额支现及反洗钱方面没有纳入人民银行的监管范围。五是结算汇路不畅。由于农村资金互助社多数设立于农村地区，与发达的城市相比，银行技术支持落后，在异地结算、汇兑、大小额支付、信用卡、网上银行、区域通存通兑、柜面通等功能的实现上存在不少困难。银行汇票业务只能通过借助别的银行平台来进行，业务结算受到一定限制。

据调查，农村资金互助社自成立之日，为追求资本最大收益，一直处于超负荷经营状态，存贷比奇高。高负荷的信用业务是建立在公众高度信任基础上的，当受相关因素发生变化的影响公众信任度下降时，极易出现阶段性或系统性支付风险。

3. 专业人才缺乏，金融服务能力有限

专业人才匮乏成为农村资金互助社发展的软肋。农村资金互助社在吸引人才的硬性条件方面，难以与大的国有银行和股份制银行相比，更难以与外资银行竞争，造成缺乏高素质的管理人才，具有金融专业知识的人员少，而具有金融从业经验的则更少，尤其是高管人员。据调查统计，梨树县四家农村资金互助社 43 名从业人员中只有 1 人有会计证。此外，农村资金互助社中存在"近亲繁殖"现象。可见，农村资金互助社拓展业务、提升空间、推动发展的平台尚未建立，智力支持不够，发展后劲明显不足，制约了持续发展。

技术条件落后，不利于业务开展。由于农村资金互助社设立于农村地区，有的甚至是偏远的地区，与发达的城市相比，金融服务技术支持落后，在异地结算、汇兑、大小额支付、信用卡、网上银行、区域通存通兑、柜面通等业务系统上无法实现对接。农村资金互助社没有加入人民银行征信系统，不能利用征信系统查询客户的历史信用状况，不利于风险的把握。例如，目前，四平市农村资金互助社尚未纳入人民银行联网系统，银行汇票业务只能通过借助别的银行平台来进行，业务结算受到一定限制。征信系统尚未联网，操作风险难掌控。

（二）制约因素

1. 赋税偏高收益低，优惠政策不到位

国家对面向"三农"服务的金融机构都给予了在利率、存款准备金、税收、费率、财政补贴等方面的优惠政策，明确了对农村信用社、村镇银行、农村资金互助社、银行的全资贷款公司、法人机构所在地的县及以下地区的农村合作银行及农村商业银行，其金融保险收入按3%的税率征收营业税。但实际执行中，虽然新型农村金融机构承担着支持新农村建设、农户发展种植业和养殖业及小型加工业等支农任务，却没有享受配套的税收优惠政策。如农村信用社所得税全免，而农村资金互助社所得税按25%征收，营业税按3%征收。目前由于吉林省尚未出台优惠政策，农村资金互助社必须按照工商企业纳税，要负担5.56%的营业税及附加和25%的企业所得税，还有印花税及其他税，加起来税收成本达到30%以上。这让新型农村金融机构经营压力倍增。

2. 业务区域限制严格，发展空间难拓展

农村资金互助社业务活动范围实行的是"属地放款原则"，不允许跨区经营，对于其业务发展无疑是一种限制。尤其是不发达的地区，规模农业较少，对贷款需求相对较弱，其业务范围只能定位于服务"三农"，而农业以种植和养殖业为主，一则周期长、见效慢，二则抵押物不符合要求，因此业务开展非常缓慢。

3. 客户群体低端，市场定位易偏离

新型农村金融机构服务对象主要是农村农户或涉农小企业，农民是弱势群体，农业、农村是风险高、效益低的弱势经济，需要融资的项目普遍缺乏信用评级，贷款业务大多是信用贷款，缺乏有效的担保和可变现的抵押物，这种以信用贷款为主的金融产品比较容易发生风险。同时，新型农村金融机构资金互助社只能专营小额放贷业务，不能经营票据业务、资产转让业务、委托贷款业务、代理保险业务等一些低风险业务，贷款利息收入是其唯一的获利手段。

4. 农户合作观念淡薄

任何一种观念的产生和消失，都与特定的历史传承和文化背景密不可分。我国农民由于长期处于自给自足的自然经济中，经营理念落后，经验意识封闭、分散。虽然政府对农村进行多次合作性的改革触动了这种观念，但从根本上改变这种理念和意识很难，当前大多数农户合作意识淡薄的局面也造成了我国合作制改革步履维艰。

5. 融资渠道有限，后续资金乏力

股金和社员存款为农村资金互助社资金来源的两个内部渠道，外部来源为其他银行业金融机构的资金融入和社会捐赠。而多年的实践经验表明，由于目前资金互助社社会认同度不高，很难从其他金融机构获得资金支持；另外社会捐赠资金也很少，因此，互助社的运作资金绝大部分依赖于内部渠道，即股金和社员存款。但是根据银监会的《暂行规定》，单个社员在资金互助社内的持股比例不得超过该信用社股金总额的 10%，超过 5% 的需报经银行监管机构批准。社员只能以货币出资入股。再者，在可否吸收存款方面比较，资金互助社和村镇银行也有本质的差别，资金互助社只能吸收社员的存款，但社员收入较低、数量相当有限，因此，存款规模受到限制。这样一来，互助社的资金规模从成立之初到后续发展就受到较大的限制，不利于互助社的发展壮大。

（三）原因分析

1. 给予合理的区域定位

一是农村人口相对集中、具备一定存款来源的金融服务空白区域。因为这一区域农民有较为一致的合作制发展土壤，同时可以为互助社提供稳定的资金来源，保证其财务可持续性。二是金融竞争不充分，但经济相对发达、农民专业合作社等农村合作经济组织数量较多的区域。农村合作经济组织可以为资金互助社提供良好的合作制运作基础，同时由于合作经济组织的社员收入水平相对较高，能够接受和承担相对较高的利率水平，可在较低资金来源的情况下实现可持续发展。最重要的是不宜设定较小的社员范围限制，从梨树县的实践看，以镇为范围可以较好地满足当前资金互助社的发展，而以行政村为范围难以避免先天不足。

2. 建立长效的资金与政策扶持机制

应在资金拆借方面给予资金互助社一定的优惠政策，引导其充分发挥其批发 - 零售平台优势；应该允许其在当地工商部门以"专业合作社"登记注册，从而获得免税资格，保证其在低负担、低成本、少干扰的环境下运营；应该尽快明确农村资金互助社各项税费等优惠政策，最大限度地减轻其运营成本。

137

3. 监管需要及时跟进

当前，农村资金互助社在基础设施、内控制度设计、人员素质等方面的要求相对较低，运行的基础相对薄弱，这一方面有利于其在其他金融机构难以立足的农村金融市场生存发展，但同时也对当前的银行监管提出了全新挑战，监管部门有必要区别于其他银行业金融机构对农村资金互助社采取贴近式监管，积极探索实施差异化监管的路径，为资金互助社创造良好的发展环境。

四、吉林省农村资金互助社发展的前景分析

（一）面临的形势

我国经济社会发展正处在转型期，农村改革发展面临的环境更加复杂、困难挑战增多。工业化信息化城镇化快速发展对同步推进农业现代化的要求更为紧迫，保障粮食等重要农产品供给与资源环境承载能力的矛盾日益尖锐，经济社会结构深刻变化对创新农村社会管理提出了亟待破解的课题。全面深化农村改革，要城乡统筹联动，赋予农民更多的财产权利，推进城乡要素平等交换和公共资源均衡配置，让农民平等参与现代化进程、共同分享现代化成果。要坚持家庭经营为基础与多种经营形式共同发展，传统精耕细作与现代物质技术装备相辅相成，实现高产高效与资源生态永续利用协调兼顾，加强政府支持保护与发挥市场配置资源决定性作用功能互补。要以解决好"地怎么种"为导向加快构建新型农业经营体系，以解决好"地少水缺的资源环境约束"为导向深入推进农业发展方式转变，以"满足吃得好吃得安全"为导向大力发展优质安全农产品，努力走出一条生产技术先进、经营规模适度、市场竞争力强、生态环境可持续的中国特色的新型农业现代化道路。

根据中央一号文件精神，新型农村金融组织的发展方向是在管理民主、运行规范、带动力强的农民合作社和供销合作社基础上，培育发展农村合作金融，不断丰富农村地区金融机构类型；坚持社员制、封闭性原则，在不对外吸储放贷、不支付固定回报的前提下，推动社区性农村资金互助组织发展；完善地方农村金融管理体制，明确地方政府对新型农村合作金融监管职责，鼓励地方建立风险补偿基金，有效防范金融风险。

（二）优化农村资金互助社的外部制度环境及内部治理机制的策略选择

国外多年的实践经验证明：我国新型农村金融机构的培育发展应以内生型的新型农村金融服务组织为主要路径。孟加拉乡村银行模式就是内部生长型的金融服务模式。外部植入型的村镇银行虽然发展数量最多，但是并没有扎根于广大农村村屯，走农村包围城市的道路。而资金互助社和贷款公司屈指可数，

发挥的作用也十分有限。所以，建议大力扶持发展新型农村资金互助社内部信用合作、资金互助业务。这是因为，内生型新型农村金融服务组织基于的是农民的自身需求和产业发展的需求。例如，农民专业合作社立足于产业或者产业链基础上，扎根于实体经济，有坚实的产业基础作为支撑，而且融资需求来自于产业发展扩张。目前，新型农村金融机构如资金互助社发展遇到了一些问题，包括市场准入缓慢、融资制度没有配套、大银行向农村资金互助社融资缺乏法律约束、财政没有建立增信制度、存款性金融机构孤立存在，从而可能会导致流动性陷阱等，但关键的还在于农民是否有需求，与产业的关联度是否密切。

1. 宏观视角下农村资金互助社的发展对策

在宏观视角下探究此问题的目的是为了给农村资金互助社提供更好的外部支撑条件，吸引并激励外部资本进入农村金融市场。近年来，国家层面多次出台了许多关于新型农村金融机构的培育政策，因此各地政府应根据省情的不同，适当采取财税政策吸引各种资本为农村经济建设提供金融服务。

（1）加大财税政策对新型农村互助社的扶持力度

鉴于农村资金互助社的主要客户群为广大入社的农户，以及农村资金互助社的高风险运营以及它的减少贫困、服务"三农"的公益服务性，政府应该通过物质奖励来引导基层群众、民间资本主动发起设立互助社，并且可以采取奖励的形式给予新设立的农村资金互助社一定数量的启动资金。

139

政府对农村资金互助社业务不仅应该在财政上给予资金支持，税收上全部减免，同时对不符合条件（网点设立及业务是否针对"三农"）的村镇银行取消其财税支持政策。目前全国农村资金互助社在银监会注册并接受监管的大约只有50家，应该取消所有的税收并给予财政上的资金支持。对于没有注册登记的资金互助社开展的信用合作资金互助业务一律免征税，并且针对"三农"服务的贷款给予一定的奖励。

（2）拓宽农村资金互助社融资渠道

首先，人民银行、银监会、地方政府应该积极协调沟通，尽快建立农村资金互助社与大型、正规的金融机构之间的联结机制，建立信贷资金批发机制，鼓励和要求大中型金融机构对农村资金互助社进行信贷资金投放，然后再由农村资金互助社向社员贷款。

其次，建立再投资法案，使农村资金回流农村。例如借鉴美国社区银行再投资法案的经验，通过制定适合我国国情的农村再投资法，减少农村资金外流，疏通农村资金回流渠道，促进农村资金互助社的健康可持续发展。

最后，为开辟存款来源，监管机构应该适度放开非社员存款。比村镇银行更小的农村资金互助社作为互助性质的金融组织，农户对其认同程度比较低，可能有思想顾虑而不愿入股。并且，农村资金互助社不能吸收非社员存款，这就导致其资金更加紧张。所以，可以通过思想工作来动员存款，也要给予适当的利率政策来吸引社员存款。为了扩大存款来源，监管机构应该适度放开非社员存款，允许吸收同村农民存款。

2. 中观视角下农村资金互助社的发展对策

在中观视角下研究农村资金互助社发展是为了促进农村资金互助社与农户两者之间的长期稳定发展。有此保障，农户不仅可以及时获得资金和保险支持，金融机构还可迅速积累客户群，同时还可识别信用风险和道德风险。这就要求，一方面农村资金互助社应扩大对广大农户的金融政策和业务的宣传，另一方面应尽快及早建立农户金融信息数据库，优化、完善农村信用制度，力求做到信息公开和信息对称。

农村只有具备良好的信用环境，大型的金融机构才敢于给合作社融资，这样才能促进当地经济的发展，发展好了自然会吸引更多的资金，形成资金互助社的良性循环。农村金融改革需要互动，提高广大农民的金融知识水平，加强农民的信用文化建设是非常重要的一个环节。农民的文化水平比较低，金融和信用理念不够深，所以解决农村融资难问题，仅靠在农村办几家新型农村金融机构是解决不了根本问题的。孟加拉乡村银行成功的经验表明，共同的信仰文化是建立信用联盟的道德底线。孟加拉乡村银行的创始人尤努斯的成功做法是让他的员工挨家挨户上门服务，帮助农民建立信用小组，提高信用意识，规范信用行为，取得了很好的效果。

农村金融服务应使普及金融知识与信用建设先行，加强诚信道德的宣传教育，提高农村金融服务人员的自身素质，进行以信用为核心的职业道德建设。农村金融服务人员首先作为一个农村金融知识的普及宣传员，然后才是一个金融业务员。为此，要加强员工金融业务、知识的学习和培训，培育有一定文化水平，熟悉当地情况、具有农业技术专长的人才队伍。

3. 微观视角下农村资金互助社的发展对策

微观视角关注的是农村资金互助社的自身发展，探索其在既定外部制度约束下应该如何自我完善、自我成长，这就意味着农村资金互助社只有不断成长，丰富农村金融市场产品，优化其内部治理机制，促进农村经济良性发展。

首先，可以在互助社内建立有效的激励机制，将工作人员的工资与其业绩挂钩、恰当有效的绩效工资激励机制是提高资金互助社盈利能力的关键因素。

其次，减少行政干预，给予互助社最大的经营自主权。农村合作基金会失败的原因之一就是过度的行政干预，因此要吸取合作基金会失败的教训，减少政府及村委会的干预，给予农村资金互助社负责人绝对的经营决策权。

最后，探索在农民专业合作社基础上的多元主体协同发展的新模式。

探索在农民专业合作社基础上发展信用合作的资金互助社，政府在政策上应鼓励和支持有能力的农民专业合作社在社内开展资金互助；农村金融机构应给予信誉良好的资金互助社以融资支持，摸索在农民专业合作社基础上的多元主体协同发展的模式。农村资金互助社的未来发展之路就是将一家一户的个体生产关系整合为社会化大生产关系，从而实现金融资本与农户小生产相结合，有效地促进小生产者与现代化生产要素的紧密结合，这样农村资金互助社联合才能够将各自为战的农村资金互助社统一、组织起来，从而有效地促进社会化大生产的发展。

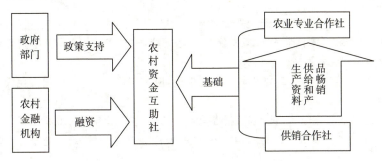

图8.1 资金互助社多元主体协同发展新模式

参 考 文 献

[1] 白钦先. 金融可持续发展论 [M]. 北京：中国金融出版社，2001.

[2] 陈松林. 中国金融安全问题研究 [M]. 北京：中国金融出版社，2002.

[3] 张元红. 当代农村金融发展的理论与实践 [M]. 南昌：江西人民出版社，2002.

[4] 张杰. 中国农村金融制度：结构、变迁与政策 [M]. 北京：中国人民大学出版社，2003.

[5] 周天芸. 中国农村二元金融结构研究 [M]. 广州：中山大学出版社，2004.

[6] 王永龙. 中国农业转型发展的金融支持研究 [M]. 北京：中国农业出版社，2004.

[7] 陈军，曹远征. 农村金融深化与发展评析 [M]. 北京：中国人民大学出版社，2004.

[8] 廖星成. 中国三农问题研究报告 [M]. 北京：新华出版社，2005.

[9] 陈水利，李敬功，王向功. 模糊集理论及其应用 [M]. 北京：科学出版社，2005.

[10] 张余文. 中国农村金融发展研究 [M]. 北京：经济科学出版社，2005.

[11] 刘仁伍. 新农村建设中的金融问题 [M]. 北京：中国金融出版社，2006.

[12] 何广文. 合作金融发展模式及运行机制研究 [M]. 北京：中国金融出版社，2006.

[13] 王广谦. 20 世纪西方货币金融理论研究 [M]. 北京：经济科学出版社，2006.

[14] 刘玲玲，杨思群. 中国农村金融发展研究 [M]. 北京：清华大学出版社，2007.

[15] 田俊丽. 中国农村金融体系重构 [M]. 成都：西南财经大学出版社，2007.

[16] 陈雪飞. 农村金融学 [M]. 北京：中国金融出版社，2007.

[17] 王双正. 中国农村金融发展研究 [M]. 北京：中国市场出版社，2008.

[18] 李树生，何广文，等. 农村金融创新研究 [M]. 北京：中国金融出版社，2008.

[19] 岳意定. 改革和完善农村金融服务体系 [M]. 北京：中国财政经济出版社，2008.

[20] 甘少浩，张亦春. 中国农户金融支持问题研究 [M]. 北京：中国财政经济出版社，2008.

[21] 中国农村金融学会. 中国农村金融改革发展三十年 [M]. 北京：中国金融出版

社，2008.

[22] 王曙光．农村金融与新农村建设［M］．北京：清华大学出版社，2006.

[23] 刘民权．中国农村金融市场研究［M］．北京：中国人民大学出版社，2008.

[24] 胡炳志．中国金融制度重构研究［M］．北京：人民出版社，2003.

[25] 温铁军．中国农村基本经济制度研究——"三农"问题的世纪反思［M］．北京：中国经济出版社，2000.

[26] 张乐柱．农村合作金融制度研究［M］．北京：中国农业出版社，2005.

[27] 栾宏谋．中国农村金融发展问题研究［M］．太原：山西经济出版社，2008.

[28] 赵常生．基于金融效率理论的中国农村金融改革研究［M］．北京：人民出版社，2008.

[29] 周晔．金融风险度量与管理［M］．北京：首都经济贸易大学出版社，2010.

[30] 王松奇．中国商业银行竞争力报告2010［M］．北京：社会科学文献出版社，2008.

[31] 张伟．微型金融理论研究［M］．北京：中国金融出版社，2011.

[32] 罗伯特·莫顿．金融学［M］．北京：人民大学出版社，2008.

[33] 尹希果．计量经济学原理与操作［M］．重庆：重庆大学出版社，2008.

[34] 江曙霞，等．中国金融制度供给［M］．北京：中国金融出版社，2008.

[35] 李建英．转轨期农村金融新体系研究［M］．北京：经济管理出版社，2007.

[36] 李新．我国农村民间金融规范发展的路径选择［M］．北京：中国金融出版社，2008.

[37] 朱乾宇．中国农户小额信贷影响研究［M］．北京：人民出版社，2010.

[38] 孙若梅．中国农村小额信贷的实践和政策思考［J］．财贸经济，2000（7）.

[39] 黄金老．论金融脆弱性［J］．金融研究，2001（3）.

[40] 王志强，孙刚．中国金融发展规模、结构、效率与经济增长的关系［J］．管理世界，2003（7）.

[41] 温涛．新时期我国农村金融风险控制理论思考［J］．金融理论与实践，2006（5）.

[42] 姚耀军．中国农村金融发展水平及其金融结构分析［J］．中国软科学，2004（11）.

[43] 安翔．我国农村金融发展与农村经济增长的相关分析——基于帕加诺模型的实证检验［J］．经济问题，2005（10）.

[44] 包群，等．关于我国储蓄——投资转化率偏低的实证分析［J］．经济科学，2004（3）.

[45] 陈传波．农户风险与脆弱性：一个分析框架及贫困地区的经验［J］．农业经济问题，2005（8）.

[46] 万晓莉．中国1987—2006年金融体系脆弱性的判断与测度［J］．金融研究，2008（6）.

[47] 吴庆田，陈伟．农村金融生态环境与金融效率指标体系构建及互动分析［J］.

143

财务与金融，2010（6）．

[48] 杨序琴．小额信贷发展的占优均衡：福利主义宗旨与制度主义机制的有机融合 [J]．金融理论与实践，2007（2）．

[49] 温涛，冉光和，熊德平．中国金融发展与农民收入增长 [J]．经济研究，2005（9）．

[50] 姜柏林．资金互助破解农村金融改革难题 [J]．银行家，2006（9）．

[51] 刘民全，等．农村信用社市场化改革探索 [J]．金融研究，2005（4）．

[52] 王醒男．基于需求与发展视角的农村金融改革逻辑思考 [J]．金融研究，2006（7）．

[53] 虞群娥，李爱喜．民间金融与中小企业共生性的实证分析 [J]．金融研究，2007（12）．

[54] 杜朝运，杜智乐．关于我国金融脆弱的若干分析 [J]．上海经济研究，2007（2）．

[55] 杨俊龙．发展农村民间金融的利弊分析与对策思考 [J]．经济问题，2007（3）．

[56] 何广文．农村金融机构多元化的路径选择 [J]．中国改革，2007（7）．

[57] 石丹琳．村镇银行：农村金融体制改革的新突破 [J]．武汉金融，2007（1）．

[58] 王玮，何广文．社区规范与农村资金互助社运行机制研究 [J]．农业经济问题，2008（9）．

[59] 陈守东，杨东亮．中国银行体系脆弱性的动态分析与预测 [J]．吉林大学社会科学学报，2010（7）．

[60] 艾洪德，郭凯．金融脆弱性、不完全信息、制度变迁与金融风险 [J]．财经问题研究，2006（7）．

[61] 高凌云．对村镇银行信用风险防范的思考 [J]．农业经济，2008（5）．

[62] 吴占权．新型农村金融机构的贷款定价问题探讨 [J]．农村经济，2009（10）．

[63] 王修华．村镇银行运行格局、发展偏差及应对策路 [J]．湖南大学学报，2010（1）．

[64] 应兰秋．农村资金互助社实践与思考 [J]．合作经济与科技，2009（22）．

[65] 陈雨露，马勇，杨栋．中国农贷市场的利率决定：一个经济解释 [J]．经济理论与经济管理，2009（6）．

[66] 梁小冰．广东村镇银行发展现状与思考 [J]．现代商业，2009（6）．

[67] 丁忠民．村镇银行发展与缓解农村金融困境研究——以城乡统筹试验区重庆为例 [J]．农业经济问题，2009（7）．

[68] 邢早忠．小额贷款公司可持续发展问题研究 [J]．上海金融，2009（11）．

[69] 夏良胜，蔡晶晶．小额贷款公司：现状\困境与出路 [J]．上海金融，2009（9）．

[70] 黛钰．基于多元 LOGIT 模型对我国银行体系脆弱性的实证研究 [J]．经济问题，2010（7）．

[71] 唐晓旺．加快培育新型农村金融机构面临的问题与对策 [J]．企业经济，2011（9）．

［72］丁涛. 新型农村金融机构的 SWOT 分析及其可持续性战略研究［J］. 金融理论与实践，2011（6）.

［73］马丽华，宋雅楠. 新型农村金融机构可持续发展问题探析［J］. 特区经济，2010（5）.

［74］孟德峰，等. 金融排斥视角下村镇银行发展的影响因素分析［J］. 经济学动态，2012（9）.

［75］侯琰霖，安起雷. 促进新型农村金融机构发展的建议［J］. 中国财政，2011（15）.

［76］王洪斌. 后危机时期农村经济金融可持续发展中的热点问题研究［J］. 华北金融，2011（5）.

［77］高传华. 村镇银行制约因素与发展路径选择［J］. 中国国情国力，2012（5）.

［78］何颖媛，何铮. 基于功能视角的新型农村金融机构脆弱性测度研究［J］. 中南大学学报社会科学版，2012（1）.

［79］RAJAN R. G. Do we still need commercial banks［J］. National Bureau of Economic Research Report，1998（58）.

［80］JERTY. JORDAN. The functions and future of retail banking［J］. Economic Commentary，1996，（9）.

［81］JEFFREY. WURGLER. Financial markets and allocation of capital［J］. Journal of Financial Economics，2000，（58）.

［82］BYRD，TURNER. Measuring the flexibility of information technology infrastructure：exploratory analysis of a construct［J］. Journal of Management Information Systems，2000，17（1）.

［83］COLIN. KIRKPATRICK，SAMUEL. MUNZELE MAIMBO. The implications of the evolving micro finance agenda for regulatory and supervisory policy［J］. Development Policy Review，2002，20（3）.

［84］AYKUT. KIBRITCIOGLU. Excessive risk – taking，banking sector fragility，and banking crises［R］. NBER Working Paper，2006，17（1）.

［85］ALLEN. N. ，BERGER，GERGORY F. UDELL. The institutional memory hypothesis and the prodigality of bank lending behavior［J］. Journal of Financial inter mediation，2004，13（4）.

［86］BOYD JOHN H. ，GLANNI DE NICOLO，BRUCE D. SMITH. Crises in competitive versus monopolistic banking systems［J］. Journal of Money，Credit and Banking，2004，36（3）.

［87］BERGER A. ，HARSANL，KLAPPERLF. Further evidence on the link between finance and growth：an international analysis of community banking and economic performance［J］. Journal of Financial Services Research，2004，3（25）.

［88］ALLEN，GALE. Financial intermediaries and markets［M］. New York

University, 2003.

[89] CHARLES A. E. , GOODHART, POJANART SUNIRAND, DIMITORS PISOMOCOS. A model to analyses financial fragility, economic Theory [J]. New York University, 2006, 27 (1) .

[90] AJAI NAIR. Sustainability of micro finance Self Help Groups in India: would federating help [J]. World Bank Policy Research Working Paper, 2005, 3 (516) .

[91] AMITRAJEET A. , BATABYAL, HAMID BELADI. A Model of micro finance with adverse selection, loan default, and self – financing [J]. RIT Economics Development Working Paper, 2009, 9 (58) .

[92] ASHUTOSH KUMAR. Reducing default rate in rural credit: how effective is enhanced supervision approach for formal financial institutions [J]. Working Paper Series, 2004, 1 (18) .

[93] ANDREW BERG, CATHERINE A. , PATTILIO. Are currency crises predictable? A test [J]. IMF Working Paper, 1998, 9 (154) .

[94] CLAUDIO ROMANO. Calibrating and simulating copula function: an applications to the Italian stock market [J]. Working Paper Series, 2002, (1) .

[95] COLIN KIRKPATRICK, SAMUEL MUNZELE MAIMBO. The implications of the evolving micro finance agenda for regulatory and supervisory policy [J]. Working Paper Series, 2002, (20) .

[96] FRANCIS KEHINDE, EMENL. Micro Finance Institutions (MFLS) in Nigeria—problems and prospects: questionnaire survey findings [J]. Journal of Financial Management and Analysis, Vol. 21, No. 1, 2008.

[97] FRANKIN ALLEN, DOUGLAS GALEL. Financial contagion [J]. The Journal of Political Economy, 2000, (108) .

[98] JOHNWEISS, HEATHER MONTGOMERY. Great expectations: micro finance and poverty reduction in Asia and Latin America [J]. ADB Institute Research Paper, 2005 (15) .